L'abstraction matérielle

Laurence Duchêne
et Pierre Zaoui

L'abstraction matérielle

*L'argent au-delà de la morale
et de l'économie*

La Découverte
9 *bis*, rue Abel-Hovelacque
75013 Paris

Si vous désirez être tenu régulièrement informé de nos parutions, il vous suffit de vous abonner gratuitement à notre lettre d'information bimensuelle par courriel, à partir de notre site

www.editionsladecouverte.fr

où vous retrouverez l'ensemble de notre catalogue.

ISBN 978-2-7071-6963-1

À la mémoire de Guido Fanti

Introduction

Ce qui force à penser l'argent : entre l'intime et l'économique

> « Quelle chose stupide, l'argent ! Et comme il était méprisable, en somme, de se faire continuellement du souci pour une chose pareille. »
>
> Robert Walser, *L'Homme à tout faire*

Pourquoi les pauvres n'égorgent-ils pas les riches sur-le-champ ? Comment peuvent-ils supporter la cruauté permanente de ceux qui raisonnent en millions tandis qu'eux-mêmes sont à deux euros (ou deux dollars) près ? Pourquoi les pauvres du monde occidental ne se sont-ils pas insurgés en comprenant que la crise déclenchée en 2007 a conduit les gouvernements à renflouer les banques, soutenir les marchés, puis à réduire les dépenses publiques pour lutter contre leurs déficits, faisant par là même payer la très grande majorité qui n'était en rien responsable de ces errements financiers [a] ? La réponse la plus probable – mais

a « En 2009, le niveau de vie des 10 % des personnes les plus modestes est inférieur à 10 410 euros annuels, en baisse de 1,1 % par rapport à 2008. Alors que l'évolution moyenne annuelle relevée entre 2005 et 2008 pour chacun des quatre premiers déciles était d'environ + 2 %, la tendance s'inverse entre 2008 et 2009 : en euros constants, les quatre premiers déciles diminuent, la baisse étant plus marquée pour le premier décile. En revanche, la médiane ainsi que les déciles de niveau de vie supérieurs augmentent. Le niveau de vie des 10 % les plus aisés est supérieur à 35 840 euros annuels. [...] Il a crû de 0,7 % par rapport à 2008, ce qui marque un ralentissement dans la progression de ce décile. Au total, le contexte de crise économique se répercute sur l'ensemble des ménages,

qui n'invalide pas pour autant la possibilité de soulèvements – est que les pauvres ont aussi le désir d'être riches ; même pas le désir, le fantasme. Alors, salauds de pauvres ? Un peu rapide.

Il nous faut affronter la difficulté et plonger dans les méandres, et les contradictions, de nos rapports à l'argent, en le saisissant dans le choc de ses dimensions morale, économique et politique. Comment l'argent peut-il être à la jonction de l'intime et du public, du dedans et du dehors, de la vie sociale et du symptôme individuel ? L'intuition est double : d'une part, l'objet-argent, la monnaie, institue et conforme les rapports marchands d'une manière qui, pour naturelle ou évidente qu'elle paraisse – à tel point que l'on a bien du mal à imaginer aujourd'hui une société sans monnaie –, n'en est pas moins déterminée (notamment historiquement) ; d'autre part, le rapport individuel à l'argent exprime et traduit d'autres rapports sociaux, et de soi à soi. En d'autres termes, commenter la politique monétaire américaine face à la crise semble à des années-lumière de nos difficultés à faire un achat d'un montant élevé sans nous sentir coupable ; or c'est, dans les deux cas, d'argent qu'il s'agit.

En ce sens, l'argent est à la fois un océan et une ritournelle. Un océan, tant il semble parsemé d'archipels de questions sans rapport les unes avec les autres : la question morale de la valeur des richesses et la question politique de leur partage ou de leur redistribution ; la question apparemment technique de la mesure de l'échange, l'argent devenant alors monnaie, et la question ontologique de la constitution des agents mêmes de cet échange, la monnaie redevenant peut-être alors argent ; la question du pouvoir et de la puissance sociale, notamment celle des « milieux financiers », et la question de l'impuissance, de l'impossibilité de vivre sans argent dans des sociétés d'argent ; la question monétaire des politiques économiques et la question financière de la gestion du temps de l'économie, celle de la promesse et du risque ; la question du calcul des stocks et la question de la gestion des flux ; la question historique du désenchantement du monde et la

---

mais ce sont les plus modestes qui sont les plus touchés », *INSEE Première*, n° 1365, août 2011, p. 1-2.

question intime de la manifestation monétaire de ses pulsions les plus inavouables ; la question du profit, de l'argent faisant des petits, et la question du don ; la question de l'unité de la société, l'argent étant ordinairement la marque d'une souveraineté, et la question de sa division en classes irréductibles, voire de sa dissolution ; la question de la normalité sociale et la question des pathologies individuelles ; la question des discours et la question des pratiques ; la question des désirs, l'argent apparaissant alternativement comme pur moyen et comme pure fin, et la question de la justice, l'argent offrant une mesure commune aux transactions particulières ; la question de la guerre, l'argent en étant le nerf ou non, et la question de la paix, l'argent humanisant et adoucissant les mœurs ou non. Les questions qui touchent à l'argent semblent sans fin et sans articulation apparente.

Et pourtant, dès qu'on essaie de les penser un peu, on retombe ordinairement dans les mêmes ritournelles. Ritournelles morales d'abord : qui est bon ? qui est méchant ? les riches ? les pauvres ? Les classes moyennes ? Le « système » ? Tous corrompus ? Tous innocents ? Mais ritournelles, ou plutôt apories économiques, aussi : l'argent semble au cœur de la production matérielle, notamment dans le capitalisme, c'est le « sang » de l'économie, mais en même temps il est bien difficile de lui attribuer un statut déterminé – à maints égards ce n'est qu'un signe vide, un voile, une valeur zéro. Et ritournelles politiques enfin, entre Robin des Bois (« prendre aux riches pour donner aux pauvres ») et Guizot (« enrichissez-vous »), entre volontarisme idéaliste et libéralisme cynique.

C'est sans doute pourquoi l'expérience de la pensée de l'argent est au premier abord l'une des plus décevantes qui soient. On croit s'engager dans la traversée d'un océan et on se retrouve à ressasser les mêmes rengaines. L'argent glisse entre les concepts du penseur comme entre les mains du flambeur. Après une telle déception, il est donc souvent plus sage de s'en détourner. Ainsi, le sens commun se méfie peut-être à bon droit de ceux qui ne pensent « qu'à ça » ou ne parlent que de ça, en bien ou en mal : il y a là quelque chose de louche. Et de même la plupart des grands penseurs, philosophes, mais aussi théologiens, économistes, sociologues, historiens, en parlent généralement peu : quelques mots, trois, quatre maximes, au mieux un ou deux chapitres, et on passe à autre chose.

Si l'on y revient malgré tout plus tard, c'est sans doute que l'on y est forcé. Forcé par quoi ? Qu'est-ce qui force à penser l'argent au lieu de se contenter d'en acquérir comme on peut et d'en user plus ou moins sagement ? Au moins deux choses. D'abord, la stupéfaction qui peut nous saisir quand on réalise l'écart entre ce qu'*est* l'argent – presque rien : même pas un outil, une simple convention abstraite permettant de faciliter les échanges entre biens réels – et ce qu'il *représente* pour la majorité d'entre nous : un dieu-fétiche, un miroir aux alouettes ou un manque insupportable. Mais une telle stupéfaction dégénère très vite en déploration morale que nul ne peut tenir bien longtemps : si l'on ne manque de rien, on nous soupçonnera bien vite d'être au fond de mauvaise foi – le mépris de l'argent et de ceux qui le poursuivent n'est qu'un luxe de riche ; et si au contraire on est pauvre, on nous soupçonnera tout autant de ne laisser parler que notre envie et notre ressentiment. Dans les deux cas, on est coincé.

Il y a ensuite les grandes crises économiques. Car soudain le monde apparaît sens dessus dessous : l'argent, qui était la valeur la plus stable et recherchée, est tout à coup honni par presque tous ; c'était un gage de sécurité, et on voit des milliards disparaître en une nuit ; les plus tenaces défenseurs du moins d'État quémandent subitement son aide ; on impute la faute aux banquiers, et ce sont eux que les États renflouent en premier ; on aimerait se réjouir de voir les riches devenir un peu moins riches, mais ce sont d'abord les pauvres qui en essuient les conséquences les plus dramatiques ; on aimerait encore se dire que moins de croissance ne pourrait pas nuire à la préservation de notre planète, mais à quel coût ? On voit donc le monde entier se passionner pour des signes magiques (Dow Jones, Cac 40, taux d'intérêt sur les titres de dette grecque, etc.) qui ordinairement « ont bien du mal à pénétrer les cervelles françaises », comme disait Zola ; et l'on en attend une prise de conscience, mais de quoi ? On ne sait pas, et là encore, passé cette frénésie de savoir, tout le monde finit par faire le dos rond en attendant que tout recommence comme avant. Chaque crise révèle les scandales que l'argent noie ordinairement sous ses flux d'égoïsme et de charité : le scandale de la misère, le scandale du cynisme et le scandale de l'impuissance du politique à contrôler une machinerie monétaire qu'il a lui-même créée et soutenue. Et chaque reprise ou semblant de reprise éteint ces révélations sur l'impensé du rôle et des fonctions exactes de l'argent dans le déclenchement de la crise comme pluie sur le feu.

C'est le cas pour toutes les grandes crises. L'histoire depuis deux siècles atteste de l'implication systématique de la question monétaire dans chaque crise majeure : que la crise soit déflationniste, comme celles des années 1930 et du XIXe siècle, ou inflationniste, comme celle des années 1970, qu'elle ait pour origine un krach boursier, un essoufflement industriel ou une modification des prix des *inputs*, la monnaie y participe toujours. C'est d'ailleurs à la lumière de ce constat que l'on peut, d'une part, envisager que la monnaie n'est pas un simple instrument de l'échange, d'autre part, expliquer la récurrence de discours nostalgiques appelant en temps de crise à une autre forme de monnaie : longtemps, la revendication d'un retour à l'étalon-or, aujourd'hui les appels à abandonner l'euro. Mais dès qu'une éclaircie s'opère on oublie tout cela, et on recommence à faire comme si l'argent n'était qu'un instrument et à se moquer des nostalgiques.

En revanche, la crise actuelle, démarrée avec la crise dite des crédits *subprimes*, nourrie par l'effondrement de la croissance américaine, relancée par la crise des dettes souveraines européennes, et plombée à l'horizon par l'extinction des ressources non renouvelables et le réchauffement climatique, semble appelée à durer. Dès lors, au nom même des désastres sociaux et humains dont elle est grosse, elle constitue peut-être une opportunité à saisir. En quoi repose-t-elle la question de l'argent ? Ou du moins, dans quelle mesure nous permet-elle de reformuler les interrogations auxquelles on se heurte lorsqu'on envisage une philosophie de l'argent ?

D'une part, la crise actuelle a paradoxalement mis au jour l'opacité des opérations financières, et par là même a fait ressurgir la question de savoir ce qu'est l'argent. Alors que depuis une vingtaine d'années la croissance sidérante des activités financières n'avait pas vraiment donné lieu à débat – exception faite de quelques chercheurs qui passaient pour des oiseaux de mauvais augure en pronostiquant les « dérives du capitalisme financier [a] [1] » –, la crise récente a conduit à questionner les principes et les modalités de cette excroissance financière. Les scandales Kerviel en France et Madoff aux États-Unis y ont contribué en mettant sur la place publique à la fois les montants en jeu – la perte du fonds Madoff est estimée à plus de cinquante milliards de dollars, celle de Jérôme Kerviel à près de cinq milliards d'euros – et les logiques à l'œuvre : la titrisation, jusque-là inconnue du grand public, a été présentée dans la presse quotidienne ; connaître l'existence des *hedge funds*, ces fonds spéculatifs à risque, n'est plus réservé aux spécialistes, les défauts d'évaluation des agences de notation sont ouvertement présentés et même les noms et les principes des innovations financières majeures sur lesquelles a pris appui la spéculation ont été expliqués au grand public : *Asset Backed Securities*, *Collateral Debt Obligations*, *Credit Default Swap*, etc. En d'autres termes, la crise a d'un côté révélé le fait que les activités financières se nourrissent de l'opacité, du manque de compréhension des agents : même les grands banquiers se sont mis durant l'hiver 2008-2009 à reconnaître qu'ils ne comprenaient rien aux produits structurés sur lesquels leurs banques s'étaient ruées. Il est apparu alors que le pouvoir des professionnels de la finance, c'est-à-dire des paris financiers, tenait peut-être moins à leurs compétences qu'à leur capacité à éloigner les curieux, à conserver un mystère sur leurs activités au point d'écarter tout regard critique. De l'autre côté, cette crise a par contrecoup éveillé le désir de comprendre des citoyens : les auditions au Parlement américain, consultables en ligne, des principaux « accusés » de cette crise, montrent le vertige des représentants lorsqu'ils découvrent, médusés, le fonctionnement des institutions financières et leur manque de clairvoyance. En conséquence, on a senti sourdre un sentiment de révolte, comme en témoignent la résistance des tenants de *Main Street* à venir en aide

---

a Toutes les notes de référence sont classées par chapitre, en fin de ce livre, p. 193.

à *Wall Street* aux États-Unis, les séquestrations de dirigeants par des salariés en France ou le mouvement des indignés de l'automne 2011. Plus globalement, davantage de citoyens se sont interrogés sur le fonctionnement même de la finance et *in fine* sur l'argent : comment la Banque centrale européenne peut-elle mettre à disposition des banques des centaines de milliards d'euros depuis l'été 2008 ? D'où tient-elle ces montants pharaoniques ? Comment peut-elle créer de la monnaie ? Comment est-il possible que 25 000 milliards de dollars se soient évaporés du fait de cette crise financière ? Où sont-ils donc passés ? Et même, plus prosaïquement, comment les banques ont-elles pu perdre plus de 2 000 milliards de dollars ? Comment un simple *trader* peut-il prendre seul des engagements pour cinq milliards d'euros ? Autant de questions qui traduisent un désir aiguisé de comprendre la finance mais aussi ce qu'est véritablement la monnaie.

D'autre part, la crise actuelle, qui s'explique entre autres par la recherche effrénée de rentabilité financière, exhibe la passion de l'argent, l'*auri sacra fames* (l'« exécrable soif d'argent », ou, littéralement, la « faim sacrée d'or »). En effet, l'immoralité de Bernard Madoff, qui, par sa pyramide à la Ponzi, a entre autres spolié des fondations d'utilité publique, fait figure de sommet de l'iceberg. La recherche de rentabilité financière (c'est-à-dire la rentabilité des fonds propres) est apparue avec la crise comme le moteur primordial de l'activité financière, et ce, à n'importe quel prix. Certes, la faillite d'Enron en 2001 avait déjà levé le voile sur la gouvernance de grandes firmes obnubilées par la rentabilité financière au point de courir à leur propre ruine : Jeffrey Skilling, son ex-PDG condamné depuis à vingt-six ans de prison, a ainsi sacrifié la pérennité de l'entreprise à la recherche de profits totalement déconnectés de sa production [2]. Mais l'effondrement boursier, la faillite retentissante de grandes banques internationales et la paralysie du système financier globalisé ont témoigné d'un changement d'échelle : cette crise a montré que l'on ne peut s'en tenir aux dérives de quelques individus pour expliquer un tel cataclysme, c'est bien l'ensemble des acteurs qui est en cause, dès lors qu'ils apparaissent tous mus par le même motif : le rendement à tout prix.

Ainsi, la crise financière a revivifié une position fort ancienne de dénonciation de l'argent comme fin ultime : ce n'est plus tel ou tel individu qui est en cause, mais l'argent en lui-même qui est principe à la fois de corruption et de folies universelles. Même les responsables de banques traditionnellement très éloignées des activités hautement risquées et complexes de la finance de marché n'ont pas pu résister aux opportunités de rendement élevé qui semblaient s'offrir à eux sans contrepartie. Autrement dit, l'absence de digue à la recherche de la rentabilité a conduit à ce qu'aucun des intervenants de cette finance de marché ne parvienne plus à anticiper autre chose que ce qu'il souhaitait. Pour irrationnel que cela puisse paraître, les banques ont ainsi parié, notamment entre 2003 et 2007, sur une hausse continue des prix de l'immobilier américain, sans, semble-t-il, entrevoir que le retournement inéluctable de celui-ci remettrait en cause la rémunération des produits structurés qu'elles avaient émis et achetés. La minimisation des risques a été la conséquence de cette *auri sacra fames* qui leur a fait perdre de vue ce qui fait pourtant le noyau dur de la finance : la rémunération dépend du risque pris et une rémunération continûment supérieure à la moyenne ne peut s'expliquer que par un risque supérieur. La rationalité économique chère aux défenseurs des marchés s'était apparemment dissipée au profit d'une quête insatiable de rentabilité [3]. Plus encore, d'un point de vue macroéconomique, la course aux rendements mirobolants s'est faite aux dépens de l'économie dite « réelle » : les salaires progressent moins vite, voire plus du tout, tandis que les bonus et autres rémunérations indexés sur les résultats de court terme flambent. Les inégalités se creusent donc ostensiblement au fur et à mesure que les activités financières font pour ainsi dire sécession [a] : les prétendants à la propriété

---

a Sur ce point, voir *Les Revenus et le patrimoine des ménages*, INSEE, édition 2010, qui analyse les résultats d'une étude sur la période 2004-2007 montrant « une explosion des revenus touchés par les personnes à très hauts revenus ». En effet, selon l'INSEE, « alors que les revenus d'activité n'ont progressé que de 11 % entre 2004 et 2007, les revenus du patri-

immobilière n'étaient pas plus capables qu'avant de financer par leurs revenus leur achat de logement, mais les courtiers en prêts hypothécaires, les banques, les fonds d'investissement, eux, voyaient leurs commissions et leurs profits augmenter substantiellement.

Réactiver l'ancienne dénonciation de l'*auri sacra fames* conduit toutefois à un paradoxe assez comique : d'un côté, elle manifeste un net retour à une certaine morale de l'argent – il faut moraliser l'économie, il faut fonder une nouvelle éthique de la finance ; de l'autre, elle prouve au contraire comme jamais l'inanité d'un tel retour : il n'y a aucune morale à chercher ici, tant il ne s'agit pas d'un problème de comportements individuels mais de tout un système politique [4]. On se retrouve donc devant une troisième question : comment comprendre que c'est là où le besoin de morale se fait le plus fortement sentir que tout discours moral apparaît insupportable d'hypocrisie ou de sotte naïveté ?

Enfin, cette crise a durement montré la faiblesse de la doxa monétariste qui dominait depuis une vingtaine d'années et selon laquelle il n'y a qu'une seule bonne politique monétaire, celle consistant à neutraliser la monnaie en interdisant aux États de jouer avec l'inflation et la dévaluation monétaire et en laissant aux banques le soin de s'autoréguler. Parce qu'une telle (non-)politique n'a pas empêché l'emballement des spéculations financières. Ainsi, les ratios dits de Bâle I et II institués entre 1986 et 2005 – accords internationaux dans lesquels les banques s'engageaient à respecter des ratios entre leurs émissions de crédit et leurs fonds propres [a] – n'ont pas suffi à les prémunir contre les risques de solvabilité puisque celles-ci jouaient de la titrisation pour échapper à leurs contraintes prudentielles. Et il a donc fallu

---

moine et les revenus exceptionnels ont connu des progressions beaucoup plus fortes (46 % pour les revenus du patrimoine, 55 % pour les revenus exceptionnels). L'évolution de ces deux types de revenus, majoritairement touchés par les personnes les plus aisées, et principalement tirés de la possession de patrimoine, contribue ainsi à une hausse des inégalités dans le haut de la distribution », autrement dit à un creusement des « inégalités par le haut ».

a À ceci près que les banques américaines ont refusé d'appliquer Bâle II.

que les États interviennent, quitte à creuser les déficits budgétaires et prendre le risque de relancer l'inflation. Toutefois, l'effondrement d'une telle doxa n'a pas conduit pour autant à la réhabilitation pure et simple des politiques protectionnistes ou d'inspiration keynésienne ou socialiste des décennies antérieures. Celles-ci avaient sans doute déjà démontré trop fortement leurs limites : le protectionnisme avait considérablement amplifié la crise de 1929, les politiques inflationnistes avaient conduit à la crise des années 1970 et la nationalisation des banques (comme en France en 1982) n'avait pas donné de résultats fort probants (on se souvient encore du Crédit Lyonnais). Dès lors, cette crise reproblématise la question de la réglementation de la monnaie, de la banque et de la finance de manière peut-être inédite. Car, s'il est sans doute à la fois plus rationnel et plus juste d'en appeler aujourd'hui à davantage de réglementation de la sphère monétaire au sens large, de quelle réglementation parle-t-on dès lors qu'on admet que la réglementation purement étatique tout comme l'autorégulation ont l'une comme l'autre fait faillite ? C'est d'autant plus inquiétant que la crise économique s'est muée depuis 2010 en crise des dettes souveraines : les attaques spéculatives contre les dettes grecque, puis irlandaise, portugaise, espagnole, italienne manifestent un nouveau visage de la même crise. D'abord, parce que les déficits publics qui nourrissent la « méfiance des marchés » sont pour une part le produit des aides distribuées dans l'urgence pour contenir la crise économique, ensuite parce que ce sont toujours les mouvements erratiques et mimétiques des marchés financiers qui amplifient les déséquilibres et les transforment en boulets. Ceci induit une quatrième question : réglementer la création, les usages et la circulation de la monnaie peut-il se réduire aujourd'hui à ce qu'on entendait autrefois par politique monétaire ?

En bref, prendre la mesure de cette crise, la plus sérieuse de l'après-guerre, exige peut-être de tout reposer à plat en remettant en question à la fois la nature exacte de l'argent, ses fonctions ou finalités, sa moralité ou son immoralité, et les formes politiques de sa réglementation. Dans cette perspective, il est sans doute autant impossible de rechercher un discours sur l'argent qui négligerait ses déterminations économiques que d'espérer en une solution purement économique. Il faut tout repenser à nouveaux frais et refuser les arguments paresseux. En particulier, paresse de la position qui prétend que les questions d'argent sont des questions simples que chacun pourrait résoudre pour son propre compte : l'argent ne serait que diable ou bon dieu ou simple instrument neutre. Mais paresse symétrique de la position qui pose que les questions d'argent sont bien trop complexes pour que le citoyen ordinaire puisse s'en emparer : parfois un discours un peu rugueux sur l'argent s'avère plus pertinent et plus sain que les analyses les plus sophistiquées. Et paresse aussi de celui qui croit que la question de l'argent n'est qu'une question collective ou qu'une question individuelle. Car, au fond, si nous trouvons cyniquement normal de chercher à acquérir de l'argent, pourquoi en vouloir aux financiers qui ont mis toute leur ingéniosité au service de ce but ? Si, au contraire, nous considérons comme immoral de faire de l'argent une fin en soi, pourquoi ne pas y renoncer ? Et paresse encore que d'essayer de circonscrire trop vite la question de la monnaie à une dimension bien précise : celle de l'échange, ou de la thésaurisation, ou du profit, ou de la richesse, ou de la dépense, ou de la pathologie. Cette crise nous oblige à repenser l'argent dans toutes ses dimensions : gardons-nous de les réduire trop vite. Essayons plutôt de les déplier pour voir ensuite comment les articuler, si jamais il est possible de les articuler.

Or il y a une sorte d'étrange consensus social pour ne pas penser l'argent. L'argent n'est qu'un instrument technique ou un bien matériel, il n'y a donc apparemment aucune raison de chercher à philosopher à son propos. En tant que bien matériel, c'est une pure question d'usage et de pratique, pas de théorie ou de principes. À quoi bon une philosophie de l'argent ? Il s'agit d'en avoir ou pas, rien d'autre. En tant qu'instrument, il relève d'un discours purement technique : il n'y a de bonnes raisons d'en parler qu'à son banquier ou entre économistes. À quoi bon une philosophie de l'argent ? Pourquoi pas une philosophie du tournevis ? Et quand il prend des formes trop pathologiques ou trop asociales (dans l'avarice ou dans la prodigalité extrême – « avoir les mains percées »), il y a pour cela des confessionnaux ou des cabinets de spécialistes, l'essentiel étant que rien n'en sorte à l'extérieur. À quoi bon une philosophie de l'argent ? Pourquoi pas une philosophie des maladies vénériennes ?

En soutien à un tel consensus, on trouve donc logiquement la plupart des techniciens de l'argent : les banquiers, les économistes, les sociologues, les psychanalystes. Oui, ce n'est qu'un instrument (qui sert d'unité de compte, d'intermédiaire des échanges et de réserve de valeur), ou un simple « réel » (qui n'est ni symbolique ni imaginaire), donc dans les deux cas un « voile » qu'il faut lever au plus vite pour comprendre ce qui nous constitue en vérité : notre travail, notre utilité, nos structures ou nos interactions sociales, nos pulsions sexuelles les plus refoulées ou notre histoire. Nous verrons que de telles positions sont peut-être tout sauf absurdes. Mais, en l'état, force est de constater qu'elles donnent bien peu à penser et expulsent toute philosophie des questions monétaires : il faut payer pour pouvoir passer le plus vite possible à autre chose.

Le plus curieux, toutefois, est qu'à maints égards, presque toute la philosophie antique, médiévale et classique, païenne comme chrétienne, juive ou musulmane, a souscrit elle aussi d'avance à un tel consensus. L'argent n'est qu'un « faux bien », ou un « bien contingent », au mieux un « préférable neutre » comme disaient les stoïciens, c'est-à-dire un bien que l'on peut préférer à son contraire (la misère) mais seulement sur fond d'indifférence. Et il n'y a donc que le « vulgaire », la populace ignorante (riches et pauvres mêlés), pour s'en soucier plus qu'il ne se doit, c'est-à-dire très peu, puisque ce n'est qu'un problème de morale pratique. Il n'y en a qu'un, Georg Simmel, qui a eu le courage de la formule et qui a écrit une *Philosophie de l'argent*. Mais il était sociologue.

Au premier abord, un tel consensus semble donc satisfaire tout le monde. Le problème est qu'il se déchire sans cesse. Parce qu'il y a en apparence quelque chose de « diabolique » dans un tel bien comme dans un tel instrument qui subvertit toutes nos catégories logiques.

Il est censé n'être qu'un bien périssable ou contingent, mais il se reproduit et circule dans les mêmes mains, semblant même s'augmenter tout seul, et faisant que les riches sont *nécessairement* de plus en plus riches et les pauvres *nécessairement* de plus en plus pauvres. Il est censé n'être qu'un « faux bien » mais tous le convoitent en vérité. Il est censé n'être que « réel », ce qui est, ou « acte », ce qui circule, s'investit, se dépense, mais il est en même temps le signe même de leurs contraires logiques : le possible (« Ah ! tout ce que l'on pourrait faire avec un peu d'argent ») et la puissance (être riche, c'est toujours un statut social avant d'être une source de jouissances illimitées). Il est censé être le nom même de la matière et du « concret » propre aux sociétés « matérialistes » (l'argent, on le « touche », on le « palpe »), mais il n'y a en vérité rien de plus immatériel et abstrait que l'argent : c'est un pur flux de quantités abstraites et conventionnelles. Il est censé être sans effet réel dans la théorie économique standard (« la monnaie est neutre »), mais c'est un formidable objet de jouissance, de crainte et d'espérance. Il est censé faciliter et pacifier les échanges, et donc la socialité commune, mais il crée des classes de « riches » (individus ou pays) qui n'échangent plus qu'entre eux et se révèlent presque toujours en voie de sécession avec le reste de la société ou de la planète – on parlait déjà dans les années 1920 d'un « mur de l'argent », qui s'avérera peut-être au final bien plus solide que toutes les murailles de Chine et les murs de Berlin. Il est censé servir d'unité de compte à tous, mais en vérité il confond des formes de comptabilité radicalement hétérogènes : comment penser sur un même plan l'employé qui compte chaque « sou » pour avoir assez à la fin du mois et le millionnaire qui compte sa fortune, le salarié qui compte ses revenus et le capitaliste qui compte ses profits ? Il est censé servir de réserve de valeur, mais, dans une telle réserve, toutes les valeurs semblent se dissoudre : la loi de l'argent, c'est la loi d'un monde qui n'a plus de valeurs. Enfin, et du fait même de cette subversion généralisée de la logique qui renverse complètement le nécessaire et le contingent, le réel et le possible, le concret et l'abstrait, le matériel et le spirituel, l'échange et la guerre, le mesurant et le mesuré, ce ne sont pas les marges, mais le cœur même de nos sociétés d'argent qui s'avère le plus malade : ceux qui n'ont pas de problèmes d'argent y sont ceux qui y pensent le plus, en veulent le plus, et en donnent le moins.

Dès lors, quand ce consensus ou cette conspiration du silence autour de l'argent se déchire, c'est presque toujours de manière violente. Violence dans le discours d'abord. L'argent c'est le diable, Mammon, dans la tradition rabbinique tardive que reprendront les Évangiles de Matthieu et de Luc ; le marchand, qui s'enrichit aux dépens d'autrui, et l'usurier, qui vole le temps à Dieu, sont voués à l'enfer dans la tradition médiévale ; le capital, cet argent qui fait des petits, ce travail mort, est « un vampire qui se lève la nuit pour sucer le sang du travail vivant », dans la tradition marxiste. Et violence dans la pratique ensuite. La plupart des révoltes populaires ou individuelles qui suivront puiseront à la même colère morale : il faut d'abord égorger l'usurier juif, le boucher enrichi et odieux (voir le beau et terrible film de Pabst), le moine gras, le banquier et l'escroc, le koulak antisocial, ou, aujourd'hui, le *trader* flambeur. Entre eux, seuls quelques utopistes minoritaires, solitaires « rêveurs de l'absolu » comme disait Marx, tenteront de court-circuiter cette logique du bouc émissaire en imaginant d'autres sociétés possibles, sans argent, constituées exclusivement par une organisation rationnelle, un rapport de parole bienveillant ou un amour enfin universel.

Il est souvent difficile de ne pas comprendre ces colères et de ne pas se réjouir de telles utopies. Mais force est aussi de constater deux choses. D'abord, ces colères sont trop souvent instrumentalisées par d'autres riches et à leur profit : on va laisser les pauvres s'en prendre aux juifs pour qu'ils ne s'en prennent pas au seigneur tyrannique, au boucher de la rue pour épargner les vrais capitalistes, aux moines pour sauvegarder les bourgeois alliés du peuple, aux koulaks pour oublier les oligarques enrichis du Parti, ou aux *traders* du *front office* pour protéger les dirigeants. Plus précisément même, la haine de l'argent dérive, la plupart du temps, vers des haines inexpiables envers les minorités, les migrants ou les pauvres qui en ont un besoin vital pour survivre ou se déplacer : les juifs aux doigts crochus, les Roms qui sont « tous des voleurs », les Indiens d'Amérique qui ne rêvent plus qu'à construire des casinos dans le Nevada, les immigrés qui viennent vivre à nos crochets, les pauvres des pays pauvres qui ne rêvent que d'« arnaquer » les touristes. La haine de l'argent, à s'épancher brutalement, ne touche pas les plus riches, mais les étrangers, les faibles qui n'ont que l'argent pour vivre, et finalement d'autres pauvres que soi. Et il en va sans doute de même des rêves de mondes sans argent : que les pauvres aiment leur pauvreté, préfèrent leur fierté au travail à leur enrichissement, rêvent de mondes démonétarisés qui soient comme les « cœurs de mondes sans cœur », et l'ordre établi sera bien gardé.

Ensuite, de telles colères et de tels rêves ne donnent sans doute pas davantage à penser que le consensus technique qui prévaut ordinairement. D'une part, parce qu'il n'est pas sûr du tout qu'il ait jamais existé des sociétés sans argent : aussi loin qu'ils recherchent, les historiens comme les ethnologues n'ont pas trouvé de sociétés sans argent, celui-ci pouvant seulement prendre les formes les plus variées (coquillages, pierres polies, morues séchées, troupeaux de bétail...) ou remplir des rôles plus circonscrits que celui d'instrument des échanges économiques, ce qui laisserait entendre que l'argent est peut-être bien davantage qu'un simple instrument ou un simple « faux bien » dont les hommes pourraient aisément se passer s'ils étaient plus sages ou moins égoïstes. Et d'autre part parce que s'il est certain que dans les sociétés dites « primitives » ou « archaïques », la monnaie joue un rôle essentiellement, voire exclusivement, cérémoniel, distinct en nature de son rôle et de son statut dans les sociétés modernes, il n'en est pas moins probable que de telles sociétés sauraient difficilement servir d'idéal à notre monde actuel : le système don/contre-don peut être autant un enfer, soudant chacun à l'obligation de rendre et donc à la communauté, que l'enfer de l'« argent-roi » dont la formule remonte au Moyen Âge. Autrement dit, si l'utopie est peut-être nécessaire à la pensée politique pour lui donner une force d'espérance et de promesse, il est probable que les utopies d'un monde totalement délivré de l'argent transmuent cette espérance en déni et cette promesse en hantise.

Si une philosophie de l'argent peut donc avoir un sens, c'est de s'insérer entre un consensus technique qui n'explique rien et une colère morale, intime ou collective, qui n'explique pas davantage. Pour y parvenir, il faut donc essayer de saisir, au-delà de ce à quoi il sert comme au-delà de ses supposées valeurs morales (est-ce un bien ? est-ce un mal ?), comment l'argent peut précisément constituer le point de connexion entre un système social donné et l'intimité affective et pulsionnelle de chacun. Car l'argent relève peut-être bien de ces deux déterminations à première vue sans rapport : c'est le médium commun de toutes nos transactions économiques et sociales et le médium commun de toutes nos pathologies les plus apparemment intimes (pas de folie qui ne passe d'une manière ou d'une autre par l'argent). Tout l'enjeu est donc de comprendre comment l'argent, au-delà de la morale et de l'économie, peut ainsi incarner une vérité aussi fondamentale que le langage ou la loi, vérité de notre dualité humaine, à la fois corporelle et psychique, individuelle et collective, souveraine et dépendante, pleine et vide, exprimant la jouissance et la déplaçant sans cesse.

Une telle intuition de l'argent compris, au-delà de la morale et de l'économie, comme pont reliant notre intimité affective à la grande machinerie produisant et faisant circuler les marchandises, donc réalité politique première, nous la devons à Pierre Klossowski. Malheureusement, cette intuition formidable est exposée dans un texte, *La Monnaie vivante*, dont l'obscurité et le jargon sont sans doute tout aussi formidables. On peut malgré tout en retenir pour l'instant ceci : ce qui se joue d'essentiel dans l'argent, c'est que lui seul permet de penser la manière dont s'articule l'économie intime de la jouissance, où tout apparaît marqué et irremplaçable, et sa négation absolue dans le champ de la production matérielle, où tout apparaît exploitable et substituable. Sans lui, on ne comprend pas comment l'un et l'autre pourraient communiquer aussi aisément et passer l'un dans l'autre : comment la jouissance s'achète et se vend aussi facilement ; comment, à rebours, le signe le plus abstrait et le plus vide peut faire jouir le plus intensément ; et, plus généralement, comment les sociétés d'argent en viennent à produire une série infinie de paradoxes : le fait que ce sont bien davantage les riches que les pauvres qui sont prêts à se vendre ; le fait que la jouissance ne s'obtient bien souvent qu'à condition d'être payé(e)... L'argent a une fonction majeure de fantasme *pervers*, à entendre au sens littéral de détournement : l'argent permet de *détourner* la recherche de jouissance vers la production, la circulation et la consommation marchandes, censément objectives, et tout autant de détourner les flux de cette sphère « objective » dans les recoins de nos jouissances intimes. Dans cette perspective, la « monnaie vivante », pour Klossowski, c'est l'incarnation même de cette perversion, c'est le *corps voluptueux* : soit sous forme immédiate, comme objet d'un échangisme généralisé à entendre au sens érotique, soit comme « prostitution sous le signe du numéraire ». Pour nous, sans doute plus puritains, pour qui en tout cas l'alternative unique entre l'échangisme et la prostitution apparaît peu désirable avant même d'être crédible, il s'agirait plutôt d'une autre alternative : entre l'éclatement de la société en une multitude de fantasmes pervers, tous différents en surface mais en leur fond tous mêmes, et la prise en charge collective d'une vraie politique de l'argent, visant non à le dissoudre, ni à lui donner sa juste place (il n'en a pas), mais à s'en servir pour nommer encore la possibilité d'être des individus libres vivant dans une communauté solidaire. Autrement dit, il s'agirait de penser une alternative non entre deux perversions, mais entre une perversion généralisée et une certaine forme de sublimation, à savoir la politique.

Toutefois, pour remplir une telle intuition, il faudrait pouvoir montrer qu'il n'y a ni solution morale ou privée, ni solution économique ou technique, aux vrais problèmes que pose l'argent, et donc que la seule solution ne peut reposer que sur l'articulation des deux, c'est-à-dire sur la politique entendue comme ouverture du fantasme de chacun sur une scène publique où il redevient négociable, objet de délibération, et donc objet de décision et d'affirmation plutôt que simple contrainte subie de l'extérieur. C'est là tout le sens des trois volets qui suivent : traverser d'abord aussi bien les ritournelles morales que les apories économiques, pour montrer ensuite combien elles ne sont aussi insolubles et irréductibles que tant qu'on ne tente pas d'articuler les unes aux autres dans l'espace de l'action politique.

Chapitre 1

L'impossible résolution morale

« Celui qui possède de l'argent au-delà d'une quantité donnée en retire l'avantage supplémentaire de pouvoir le mépriser. »
Georg Simmel, *Philosophie de l'argent*

L'argent est une réalité sociale, c'est entendu. Mais c'est une réalité sociale qui ne se manifeste spontanément que par ses formes personnelles d'appropriation : mon argent, votre argent, leur argent. On le ressent clairement quand on apprend le montant du budget d'un État ou d'une collectivité territoriale : au moins pour un non-spécialiste, c'est presque irréel, ça ne représente rien, « ça ne parle pas ». En revanche s'il s'agit de la fortune d'un milliardaire, on comprend ou croit comprendre ce que cela signifie ; images, mots et affects déferlent dans la conscience pour exprimer puissance sociale, pouvoir d'achat, richesses, sécurité. L'argent est un rapport social transi par ses possessions et ses usages individuels ou interindividuels. C'est pourquoi pour chacun sa question ne relève pas immédiatement d'une analyse économique et politique mais d'abord d'une analyse morale. D'où le fait que, pendant des siècles, les religions comme les philosophies se sont contentées de le penser sur un plan strictement éthique, c'est-à-dire comme rapport privé de soi à soi ou de soi aux autres. Les Évangiles résument parfaitement cet exclusivisme moral. Peu après avoir chassé les marchands du temple, quand les pharisiens tentent de piéger le Christ en lui demandant s'ils sont libres ou non de payer le tribut à César, celui-ci leur demande de lui montrer un denier, fait remarquer que l'image et l'inscription qui y figurent sont de César, et conclut : « Rendez donc à César ce qui est à César et à Dieu ce qui est Dieu [1]. » En deçà de toute interprétation symbolique, le message est clair : pour l'argent comme pour l'impôt, il n'y a pas à se mêler des décisions de la puissance souveraine, le seul souci du croyant devant se réduire à un rapport privé : « Faites-vous des trésors dans le ciel et non sur terre. » À maints égards, si l'on met à part l'encyclopédique Aristote et Diogène le faux-monnayeur (ou le fils de faux-monnayeur selon d'autres traditions) voulant pulvériser toute convention et tout luxe, Platon, Épicure, Pyrrhon, Sénèque et presque toute la philosophie jusqu'au XVIIe siècle diront à peu près la même chose : l'enjeu n'est pas de penser l'argent (encore moins la fiscalité, la redistribution ou l'idée de politique monétaire), mais de concevoir un *bon rapport* avec l'argent, pour soi et pour chacun dans une perspective chrétienne, pour soi et pour toutes les âmes bien nées appelées à gouverner dans une perspective grecque.

A priori, réduire ainsi la question polymorphe de l'argent à la seule question morale du bon rapport à entretenir avec l'argent est rassurant. Peut-être est-il possible de concevoir de sages éthiques de l'argent sans avoir à s'immerger dans les arcanes des mécanismes financiers et monétaires d'aujourd'hui. De telles éthiques sont-elles pour autant pleinement convaincantes, surtout pour aujourd'hui où l'argent est autrement plus présent dans toutes les dimensions de notre existence ?

À première vue, oui, en tout cas elles peuvent l'être et même bien davantage que les morales plus communes. D'abord pour une raison logique : si l'on peut se fixer *a priori* des règles et des devoirs quant à autrui, quant aux plaisirs ou aux honneurs en général, même quant à soi-même, *a fortiori* on le peut avec l'argent tant celui-ci paraît à la fois infiniment plus simple (qu'est-ce qu'une pièce de monnaie à côté d'autrui ?) et plus secondaire (si l'on se comporte bien avec autrui et avec soi-même, la question de savoir comment user d'un hypothétique surplus d'argent ou comment se comporter face à un certain manque d'argent paraît presque dérisoire). Et ensuite pour une raison empirique : juif, catholique, protestant ou athée, riche ou pauvre, travailleur ou oisif, tout le monde a une morale de l'argent ou prétend en avoir une – non seulement c'est en un sens l'élément par excellence de toute rationalisation morale, mais le caractère moral, donc à prétention universelle, de telles rationalisations se mesure au fait qu'elles ne concernent jamais son seul rapport privé et utilitariste avec l'argent mais aussi, et souvent prioritairement, le rapport des autres avec l'argent. Au quotidien, en effet, rien ne nous rassure ou ne nous choque davantage que le rapport qu'autrui entretient avec l'argent, même lorsque celui-ci ne nous concerne en rien : très loin de son utile propre, parfois même à l'encontre de celui-ci, l'un ne va pas supporter les flambeurs, l'autre les avaricieux, un troisième les cyniques, un quatrième les mendiants. N'est-ce pas le signe d'une moralité spontanée de nos rapports avec l'argent ?

En seconde analyse, toutefois, dès que l'on cherche à donner un contenu plus précis à une telle moralité, la réponse paraît très vite moins assurée. À s'en tenir à l'expérience la plus commune, celle-ci ne nous apprend-elle pas au moins autant combien la plupart des jugements et discours moraux sur l'argent sont en vérité hypocrites ou sans mains ? Ce sont ceux qui en ont le plus qui prétendent s'en moquer, ceux qui le condamnent le plus qui y sont en vérité le plus attachés, ceux qui l'aiment qui ne savent pas en jouir, ceux qui font profession de le honnir pour n'aimer que les hommes qui finissent par détester le plus ces derniers pour passer leur vie à lui courir après. Au point que tous les arguments moraux semblent très vite se dissoudre les uns dans les autres : quel égoïsme sourd et quel idéal ascétique mortifère hantent les morales de l'épargne et de l'économie ? Quelle vanité ostentatoire et quelle boulimie dévorante hantent à rebours les morales de la « flambe » et de la prodigalité ? Quelle culpabilité inextinguible ou quel enfer de la réciprocité permanente travaillent les morales du don et de la générosité ? Quel refus de la vie et des autres habite les morales de l'indifférence ? Quelle haine et quel mépris nourrissent toutes les condamnations morales ? Et, plus généralement, dans quelle mesure les multiples rapports possibles avec l'argent ne constituent-ils pas des stratégies en apparence différentes, même souvent contradictoires, mais s'abreuvant en vérité à la même eau : une même volonté de puissance, en son fond radicalement a-morale ?

Nous aimerions alors soutenir ceci : d'une part, qu'il ne peut y avoir de résolution purement morale à la question de l'argent, et donc que toutes les morales classiques s'avèrent radicalement insuffisantes sur ce point ; d'autre part, qu'une telle insuffisance radicale ne signifie pas pour autant que la question de l'argent puisse s'émanciper entièrement du champ de la moralité : s'il n'y a pas de *bon* rapport possible avec l'argent, peut-être y a-t-il un nécessaire rapport *problématique* obligeant à le penser plus loin, c'est-à-dire non pas en deçà de la morale, mais au-delà, dans le champ de l'économie et de la politique.

L'argent en deçà de toute morale ?

C'est un lieu commun de la littérature morale que de présenter l'argent comme une formidable puissance d'illusion, un tentateur, un trompeur et un décepteur. Qu'on l'épargne ou qu'on le dépense, son éternel destin serait à la fois de faire croire et de décevoir parce que tout ce qui *vaut vraiment* est hors de prix et ne peut s'acheter. Un tel *topos* s'appuie pourtant sur une double faute logique. D'abord, parce qu'il présuppose cela même qu'il condamne pour fonder son antagonique : la « vraie valeur » ou le « hors de prix ». Autrement dit, l'argent et son lexique constituent l'essentiel des catégories morales qui prétendent le dénoncer. C'est particulièrement visible dans les Évangiles : dans les paraboles des talents chez Matthieu et des mines chez Luc, qui vont jusqu'à comparer celui qui fait fructifier les dons du Seigneur à quelqu'un qui placerait son argent en banque, dans celle de l'ouvrier de la onzième heure, jusqu'au « Notre père » – « Remets-nous nos dettes comme nous remettons à nos débiteurs ». Et cela l'est tout autant en philosophie, par exemple chez Kant, qui explique la loi morale par l'obligation absolue de restituer un « dépôt » (*depositum*) qui nous aurait été confié, ou qui compare celle-ci à une « lettre de créance » (*Creditiv*) et le respect à un « tribut » dû au mérite [a]. L'argent est le sol métaphorique de

a Les métaphores monétaires sont légion chez Kant, celui-ci allant même jusqu'à comparer le concept de Dieu à celui de cent thalers pour prouver l'impossibilité de démontrer son existence. Hegel jugera cet argument

l'expression morale. Et Nietzsche a ainsi pu rappeler qu'en allemand, la notion même de faute (*Schuld*) dérive grammaticalement de la notion de dettes (*Schulden*), pour souligner la proximité à la fois entre moralité et négoce et entre faute et dette : l'idée d'une équivalence entre dommage et souffrance, c'est-à-dire qu'un dommage pourrait se payer au prix de la souffrance de qui l'a commise, trouverait son origine dans la relation monétaire entre créancier et débiteur [2]. Dès lors, il est bien impossible de poser l'argent comme essentiellement illusoire, sauf à faire s'effondrer toute morale.

La seconde faute logique consiste à inférer directement la déception de l'illusion au nom d'un principe de réalité sous-entendu : s'illusionner sur les puissances de l'argent, ce serait nécessairement se vouer à être un jour ou l'autre déçu. Or rien ne permet de justifier la nécessité d'une telle inférence. N'y a-t-il pas maintes illusions qui ne sont jamais déçues ? En l'occurrence, si tous les riches finissaient déçus et amers, ils feraient sans doute moins d'envieux.

En revanche, il existe peut-être une autre illusion propre à l'argent, moins visible et plus profonde, presque une illusion transcendantale : celle d'apparaître toujours spontanément dans un arrière-fond moral. L'argent serait cette étrange réalité a-morale qui ne peut s'expérimenter spontanément que de manière morale. Car tout le monde a une morale de l'argent : l'avare a une morale de l'économie et de la prévoyance, le prodigue une morale du plaisir et du *carpe diem*, même le joueur pathologique a une morale. Pour mettre au jour cette autre sorte d'illusion, l'illusion transcendantale d'une moralité possible de

« barbare ». L'enjeu n'est toutefois pas là : il s'agit simplement de montrer que la morale ne peut pas condamner trop aisément l'argent comme puissance d'illusion si elle le prend comme étalon de son caractère obligatoire. Pour l'exemple du dépôt chez Kant, voir *La Religion dans les limites de la simple raison*, trad. M. Naar, préface de la 1re édition, Vrin, Paris, 1994, p. 54, et *Théorie et pratique*, trad. L. Guillermit, Vrin, Paris, 2000, p. 25-26. Pour ses comparaisons de la loi morale avec une lettre de créance et du respect avec un tribut, voir *Critique de la raison pratique*, trad. F. Picavet, PUF, Paris, 2000, p. 48 et 81.

l'argent, d'un bon rapport toujours possible avec l'argent, on dispose alors peut-être de meilleurs arguments. Au moins trois.

Premièrement, une morale de l'argent suppose par définition une certaine essence immuable de celui-ci : ce doit être un vrai bien, ou un faux bien, ou un bien neutre, mais dans tous les cas un bien fixe quelles qu'en soient les variations superficielles. Or l'histoire, l'anthropologie et la sociologie nous ont appris combien non seulement les formes de monnaie mais les différents rôles (matériels, symboliques, religieux, sociaux...) qu'on lui attribue paraissent infiniment variables suivant les sociétés, les époques, les régimes politiques et économiques, au point qu'il paraît bien difficile de lui attribuer une essence définie. Car dans nombre de sociétés, et peut-être même en partie dans les nôtres, l'argent peut jouer les rôles les plus divers : tantôt il ne sert qu'aux échanges extérieurs avec les autres tribus, tantôt il ne sert à aucun échange et a un statut purement symbolique, tantôt on ne l'emploie que lors de certains événements particuliers (mariage, deuil, naissance), tantôt encore il est tabou et ne peut être manié que par certains individus.

Cela ne signifie pas qu'on ne peut pas reconnaître *a posteriori* un certain nombre d'invariants structuraux de l'argent, mais seulement que ceux-ci ne permettent sans doute pas d'expliquer l'extrême diversité de ses significations et de ses usages particuliers. Autrement dit, il n'y a pas de lien nécessaire entre l'ensemble des « morales » conscientes et explicites de l'argent et ses usages concrets. Celles-ci se défont par le haut et par le bas si l'on peut dire. Par le haut, au sens où un hiatus profond apparaît entre les morales exprimées communément et les pratiques qui en dérivent. Weber a pu ainsi montrer combien « l'éthique protestante », qui naît dans la critique radicale des fastes de l'Église catholique et de son amour de l'argent (dîme, simonie, indulgence), a pu conduire paradoxalement à subvertir l'idéal chrétien de pauvreté et à réhabiliter l'argent comme signe de l'élection divine [3]. Et par le bas, au sens où, pour comprendre les rapports réels de chacun avec l'argent, il faudrait peut-être descendre en deçà des représentations conscientes que chacun s'en fait, et par exemple traiter les jeux d'argent comme les jeux de langage chez Wittgenstein, c'est-à-dire en les analysant de manière pragmatique à l'intérieur de la forme de vie particulière dans laquelle l'argent prendrait à chaque fois sens. A donne de l'argent à B et B lui donne du pain, ou se met à repasser, ou le thésaurise, ou embrasse son bienfaiteur, ou le gifle : à chaque fois, l'argent prendrait une signification particulière, irréductible aux autres et interdisant donc d'espérer en induire un concept général. Mais, dans les deux cas, on doit quitter tout horizon moral. Dans une perspective wébérienne, les grandes éthiques de l'argent ne doivent plus être lues de manière morale : il faut bien plutôt les entendre comme de vastes constructions symboliques sans valeur propre – neutralité axiologique. Et dans une perspective wittgensteinienne, la signification étant strictement immanente à chaque usage particulier, il est d'avance exclu de pouvoir définir un « bon rapport » avec l'argent – chaque rapport est bon s'il fonctionne et produit des effets et, sinon mauvais, du moins dépourvu de signification, si rien ne se passe.

La deuxième raison qui rend douteuse la possibilité d'un tel « bon rapport » tient aux découvertes de la psychanalyse. Celle-ci a en effet assez fortement montré combien nos rapports avec l'argent pouvaient être considérés comme des symptômes privilégiés de nos pathologies mentales. En particulier, par son extrême plasticité à la fois matérielle et symbolique, l'argent serait l'objet idéal de tous les investissements inconscients. Sur le terrain du surmoi, les pathologies de l'argent exprimeraient toujours une *dette inconsciente* : qu'on refuse de payer (comme le névrosé obsessionnel, notamment l'homme aux rats, qui est incapable de payer une dette) ou qu'on paye trop, qu'on ne cesse jamais de payer, il s'agirait à chaque fois de tenter vainement de s'en défaire – vainement, puisqu'elle provient du complexe de castration chez le garçon ou du *Penisneid* chez la fille (dans les deux cas dette vis-à-vis du père pour avoir désiré le tuer ou pour avoir désiré lui faire un enfant) qu'on ne surmonte pas avec de l'argent mais avec de la parole. Sur le terrain du fantasme, l'argent serait le fantasme identificatoire de l'excrément, c'est-à-dire « de ce qui a le plus de valeur et de ce qui est le plus dénué de valeur », et la « toute-puissance de l'argent » serait l'expression du fantasme de la « toute-puissance de la pensée » que connaît le nourrisson quand coïncide encore le « je veux » et le « j'ai », le mot et la chose : je veux le sein, il est là/je veux ceci, l'argent me l'offre. Et sur le terrain de la libido et du plaisir, il pourrait occuper tour à tour tous les stades de la sexualité infantile : un caractère anal (c'est le plus connu, l'argent comme plaisir de la rétention et de l'expulsion : l'avare garde son argent comme lorsque, enfant, il retenait ses fèces, ou il le dépense brutalement, à chaque fois pour augmenter le plaisir anal), mais aussi bien un caractère antérieur, c'est-à-dire oral (plaisir de l'acquisition, comme les vampires de la finance qui sucent le travail des autres comme ils suçaient le sein de leur mère : avec bonne conscience et cruauté, coulée de plaisir et morsure), et postérieur, c'est-à-dire phallique (l'argent comme symbole du pénis ou de l'enfant qu'on désirerait avoir : plus j'ai un gros compte en banque...). S'il faut donc se garder des équations trop simplistes (argent = merde, ou argent = lait, ou argent = pénis, puisqu'il peut prendre tour à tour toutes les formes de la sexualité ; ou encore : argent = réel, ou argent = fantasme, ou argent = symbole, puisqu'il circule dans tous les nœuds du réel, de l'imaginaire et du symbolique), force est au moins de constater que le rapport de chacun avec l'argent est déterminé originellement bien en deçà de toute question de morale : celle-ci n'apparaît toujours que sous la forme d'une « rationalisation », au sens psychanalytique, c'est-à-dire une construction théorique d'après coup visant à la fois à justifier et à dissimuler des investissements inconscients qui lui échappent essentiellement.

Et il y a pire. Car la psychanalyse n'a cessé plus encore de montrer combien de telles rationalisations morales n'étaient pas uniquement impuissantes face à des pathologies plus profondes, mais en faisaient intégralement partie et avaient même une puissance d'autorenforcement. Quand le névrosé obsessionnel est traversé de scrupules moraux quant à l'argent, s'interdit de dépenser, s'interdit de jouir ou de donner, il n'y a là en vérité rien de moral, il s'agit bien plutôt de la cruauté sadique de son surmoi, cette « figure obscène et féroce », disait Lacan, qui lui fait payer à jamais sa dette infantile. Et *a contrario*, quand l'hystérique ne peut s'empêcher de faire des cadeaux, de donner à tous vents, il ne s'agit en aucune manière de l'effet d'une générosité noble et désintéressée, mais d'une tentative à la fois égoïste et vaine de dépasser ses frustrations et de jouir enfin un peu de l'amour de l'autre. Autrement dit, non seulement il est stupide, et même en un sens immoral, de juger des comportements pathologiques au nom d'un supposé « bon rapport » avec l'argent (puisque la maladie n'est une faute que vis-à-vis de soi-même et que tout jugement extérieur ne peut tendre qu'à la renforcer), mais la prétention à accéder à un tel bon rapport est déjà en elle-même inquiétante : privilégier tel ou tel rapport avec l'argent est peut-être d'avance le symptôme d'une pathologie spécifique. De ce point de vue, le rapport pratique de la psychanalyse avec l'argent est riche d'enseignement : s'il y a un sens pour l'analysant à payer chacune de ses séances, aussi bien celles qui ont fait avancer que celles où l'on est resté bloqué, celles où l'on débordait de gratitude vis-à-vis de son analyste et celles où l'on lui en voulait, c'est bien d'empêcher de se fixer sur un seul et unique rapport. Freud justifiait déjà cela par au moins trois rapports bien distincts [4] : le rapport avec son psychanalyste, qui mérite de pouvoir gagner dignement sa vie ; un rapport de franchise avec le patient (sur le montant des honoraires, leur régularité, les séances manquées à payer) – car « d'importants facteurs sexuels jouant leur rôle dans l'appréciation de l'argent », il va de soi qu'un analyste a intérêt à être clair sur ces questions avec son analysant pour pouvoir exiger de lui la plus grande franchise sur les questions sexuelles ; enfin, un rôle d'aiguillon « réel » pour l'avancée de la cure elle-même – « privé d'un bon motif, le patient n'a plus la même volonté de terminer le traitement ».

Mais on peut aller encore plus loin. L'argent est là tantôt pour effacer sa dette symbolique ou au moins s'en délester un peu, tantôt pour rétribuer justement un travail et une aide précis, tantôt pour faire circuler le désir à la limite de la prostitution (je paye pour mon désir), tantôt pour être annulé et marquer le caractère inévaluable du désir (rien n'est trop cher pour réaccéder à mon désir), tantôt pour se réarrimer au principe de réalité (l'argent en condensant tous les traits : la finitude, la contrainte et le caractère extérieur), tantôt encore pour laisser surgir un peu de réel, au sens de Lacan, c'est-à-dire tout autre chose que la réalité, ce qui au contraire échappe à la prise symbolique : un heurt, un impossible à élaborer, un rien qui nous saisit en deçà de toute signification. En bref, s'il y a un bon rapport avec l'argent, c'est de n'en pas avoir, ou en tout cas de ne pas trop répéter le même, puisque l'argent n'est jamais cause mais simple élément, à la fois imaginaire, symbolique et réel, de causes plus profondes.

Enfin, la troisième raison est plus pratique. Si les morales de l'argent sont toujours des morales appliquées, elles ont toutes les chances, dès qu'on les regarde de près, de se perdre dans des casuistiques sans fin. Y a-t-il des métiers intrinsèquement immoraux : usuriers, prêteurs sur gage, huissiers ? Est-il immoral de posséder plus qu'un certain montant d'argent ? Et si oui, quel montant ? Peut-on réparer un crime de sang par de l'argent ? Si oui, n'est-ce pas faire bon cas du crime ? Si non, ne risque-t-on pas de se perdre dans un rigorisme impraticable, et même dangereux ? Est-il plus sage de donner ou de recevoir ? Est-il plus moral de donner à son prochain, c'est-à-dire à n'importe qui, qu'à ses enfants, à ses frères ou à ses cousins ? Un père peut-il déshériter ses enfants pour donner tout son bien à des organisations caritatives ? Si oui ou si non, pourquoi ? Peut-on donner à autrui jusqu'à se mettre en danger soi-même ? Et si non, comme il semble aller de soi, quand situer l'apparition d'un tel danger ? Etc. On voit d'emblée le risque que l'on encourt à s'abîmer dans de telles questions : on risque d'oublier toute morale effective, concrète, vivante, de justifier à la fois tout et son contraire, et de multiplier autour de soi de nouveaux directeurs de conscience aussi bigarrés qu'intéressés. N'est-ce pas ce qui se passe aujourd'hui où l'on voit se ruer dans la couche encore fumante du directeur de conscience et du psychanalyste de nouvelles légions de coaches, thérapeutes, gourous, avocats ou conseillers financiers censés nous apprendre à mieux « gérer » notre rapport avec l'argent, ou nous guérir de nos problèmes d'argent (généralement en nous le prenant) ? Là reposerait peut-être au final l'illusion foncière de tous nos rapports possibles à l'argent : en nous faisant croire à un hypothétique bon rapport, toujours entr'aperçu, toujours reporté, elle nous détournerait de la vraie morale et de ses vraies questions.

Prenons un exemple : la charité, au sens faible de « faire la charité », de faire l'aumône. Que faut-il donner ? Quand ? À qui ? Et combien ? Avec la *tsédakah* des juifs ou la *zakhat* des musulmans, il n'y a pas fondamentalement de problème, puisqu'il s'agit essentiellement d'un devoir de justice (qui exige de donner une somme précise : généralement entre 15 et 20 % de ses revenus), et non d'un élan du cœur : on peut donc y contrevenir, mais on sait alors pourquoi et dans quelles proportions. Le problème naît avec le christianisme, quand la charité devient non devoir mais l'une des trois vertus théologales avec la foi et l'espérance, distincte donc de la justice, et même infiniment supérieure à elle. En un premier sens alors, il n'y a rien à donner en argent : la charité est amour (elle vient de *caritas* en latin et *agapé* en grec : amour non sexuel) qui ne se compte pas, et le don d'argent peut même au contraire être lu comme un substitut ou une protection contre l'amour. Mais, en un second sens, il faut tout donner, tels les premiers chrétiens qui « vendaient leur terre et leurs biens et les distribuaient à tous selon le besoin que chacun en avait [5] » : aimer, c'est tout donner ou c'est ne pas aimer. Mais en un troisième sens, il s'agit justement de donner à chacun selon son besoin, et tout donner, d'un coup, pour s'en débarrasser, c'est ne plus donner du tout : le don total est fait d'abord pour soi et apparaît en vérité comme une pure protection contre le don. Il s'agit donc de ne donner qu'une partie de ce que l'on a, tel saint Martin partageant son manteau avec le pauvre. Mais fixer d'avance et cette partie et celui à qui on l'offre est impossible sous peine de mesurer le besoin d'autrui à l'aune de ses intérêts propres (son salut, sa bonne conscience ou sa vanité). D'où l'équivocité radicale des termes d'*agapé* et de *prochain* : l'amour-charité est à la fois proximité et distance infinies (puisque non sexuel et non électif), et le prochain signifie à la fois le proche et n'importe qui. Dès lors, on en revient à l'élan du cœur, et, en un quatrième sens, il faut dire qu'il faut donner quand on ressent de la commisération sincère pour un prochain particulier : en dehors du sentiment, tout don est vain. Mais force est alors de constater, comme dit

Nietzsche, que « si toutes les aumônes ne se faisaient que par commisération, les mendiants seraient, tous tant qu'ils sont, morts de faim ». Les morales du sentiment sont trop belles pour fonctionner. En un cinquième sens, donc, on en vient à se désintéresser des intentions et sentiments de ceux qui donnent pour ne regarder qu'à l'argent que recevront ceux qui n'ont rien : retour à l'ancienne *tsédakah*, la charité doit redevenir publique. Mais comment supporter alors les spectacles et les étalements de bons sentiments de ceux qui, ayant tout, s'achètent à bas prix une bonne conscience et l'estime de ceux qui n'ont rien ? On se sent pris alors de la rage haineuse d'un Léon Bloy se demandant « quelle pouvait être la différence entre la charité de tant de chrétiens et la méchanceté des démons [6] ». On en arrive ainsi à un sixième sens, terriblement désillusionné, où, comme dit Nietzsche, « la vérité de la charité, c'est la haine », et même une haine sans issue : haine de ceux qui ne donnent rien, haine de ceux qui donnent un peu pour mieux se donner en spectacle, haine de ceux qui donnent tout pour ne plus rien avoir à donner, haine de ceux qui reçoivent sans reconnaissance et haine de ceux qui reçoivent avec trop de reconnaissance, c'est-à-dire trop facilement achetables. Mais un tel sens est lui-même impossible tant, quelles que soient les haines et les désillusions, une force d'amour perdure toujours, même chez le plus endurci des avares, ce qui nous amène à un septième sens qui est à la fois la synthèse de tous les précédents et leur négation : la charité n'a pas de sens, elle est sans mesure, et toute la casuistique qui précède est un cercle. En bref, que chacun fasse ce qu'il peut avec son argent, car on ne peut pas davantage mesurer (par l'argent) la démesure (de l'amour) que démesurer une telle mesure.

Pour ces trois raisons, on ne peut donc que se méfier aujourd'hui de toutes les morales classiques de l'argent. Elles cachent peut-être toujours quelque chose : une ignorance ethnocentrique ou « sociocentrique » (liée à sa place dans la société : riche ou pauvre, catholique ou protestant, philosophe ou commerçant), ou des pulsions inconscientes, ou encore une casuistique assommante et presque toujours circulaire. Autrement dit, les vrais problèmes moraux ne sont peut-être jamais des problèmes d'argent, mais des problèmes qui prennent appui sur bien davantage : le bonheur, autrui, ou le devoir.

Et pourtant il faut bien vivre. Or, du point de vue de la vie, il est toujours certain que les différents rapports possibles avec l'argent ne peuvent jamais être considérés comme équivalents, sauf à renoncer à toute morale et courir à sa propre perte. Dès lors, on peut bien reconnaître un principe d'insuffisance radicale à toutes les morales de l'argent, et donc admettre qu'il n'y a pas en soi de bon rapport, en particulier comme en général, on n'en demeure pas moins contraint par les nécessités de la vie d'en choisir un. Mais alors lequel ? On peut en reconnaître au moins quatre. Ils seraient tous parfaits en leur genre s'ils ne nous faisaient pas tourner en rond comme un hamster dans sa cage.

Une condamnation vaine ou dangereuse

Le premier mouvement non seulement de la morale, mais peut-être de toute vie de l'esprit, consiste à s'insurger contre l'argent sous toutes ses acceptions : évidemment en tant que passion et en tant qu'usure, mais aussi bien en tant que nom des richesses matérielles, en tant que convention sociale, en tant que moyen d'échange, en tant que dette. Au moins dans la tradition occidentale, il n'y a guère de distinctions qui tiennent *quant à ce premier mouvement* : ni entre judéo-christianisme et hellénisme, ni entre juifs et chrétiens, ni entre catholiques et protestants, ni entre croyants et athées, ni même entre anciens et modernes.

Certes, l'Ancien Testament paraît initialement plus conciliant : les richesses d'Abraham sont bénies par le Seigneur et l'usure est autorisée vis-à-vis des étrangers. Mais celle-ci est interdite pour ses proches et ses concitoyens[a]. De plus, aux bénédictions des troupeaux d'Abraham répond la très énigmatique malédiction qui ruine le juste Job et le fait périr sur son fumier. Et

a Voir Deutéronome, 15, 2,3 : « Un homme à qui il sera dû quelque chose par son ami, ou son prochain et son frère ne pourra le redemander parce que c'est l'année de la remise du Seigneur. Vous pourrez l'exiger de l'étranger et de celui qui est venu en dehors de votre pays ; mais vous n'aurez point le pouvoir de le redemander à vos citoyens et à vos proches. »

c'est le même terme qui signifie en araméen et en hébreu tardif « argent » ou « richesses » et « diable » : Mammon. De surcroît, dès que l'on passe du récit mythologique à la réflexion morale, la condamnation de l'argent devient autrement plus univoque : « Que sert à l'insensé d'avoir des richesses, puisqu'il ne peut acheter la sagesse [7] ? » ; et l'Ecclésiaste ne voit-il pas dans le fait que « tout obéit à l'argent » l'un des signes les plus sûrs que « tout est vanité » ? De ce point de vue, si la condamnation de l'argent dans le Nouveau Testament paraît bien plus immédiate, c'est peut-être d'abord parce qu'elle se situe directement dans cette lignée moraliste juive. Plus encore, même l'enseignement du pauvre Jésus n'est pas dénué d'ambiguïté tant il baigne, comme on l'a vu, dans une constante métaphore monétaire. Rappelons seulement le reproche que le seigneur fait à son serviteur dans la parabole des talents : « Vous deviez donc mettre mon argent entre les mains des banquiers, afin qu'à mon retour je retirasse avec usure ce qui est à moi. »

Et il en va de même pour l'autre pilier de la morale occidentale : les Grecs et les Romains. Dans un premier temps, il y a apparence d'acceptation et de valorisation. Même, d'après Moses Finley, « le jugement des Anciens sur la richesse était fondamentalement simple et sans équivoque ; elle était nécessaire et bonne ; elle était absolument indispensable à la vie heureuse [8] ». Mais dès qu'il s'agit d'argent et que le monde grec se monétarise, tout s'inverse rapidement. Cela se remarque d'abord dans la morale de la guerre chez ces peuples guerriers. Les Romains ont vaincu les Grecs, comme ceux-ci avaient auparavant vaincu les Perses et comme les Spartiates avaient vaincu les Athéniens : non parce qu'ils étaient plus riches mais parce qu'ils avaient de meilleurs soldats, plus virils, plus unis et plus déterminés. C'est ce que rappelle sans cesse Machiavel, retrouvant ainsi l'archaïque morale romaine de la pauvreté et du courage, contre la maxime de Quinte-Curce selon laquelle « l'argent est le nerf de la guerre » : ce n'est pas l'argent, c'est le fer, c'est-à-dire les hommes – là-dessus, Machiavel est plus authentiquement romain que lui [9]. Quant aux Grecs archaïques, ils en pensaient sans doute tout autant. D'après la légende, c'est en effet cela même que répondit Solon à Crésus quand il lui montrait son immense richesse. Et la « grande *Rherta* », la législation un peu mythique de Lycurgue à Sparte, bannissait l'argent, l'or et les métaux précieux de la cité pour les remplacer par du fer à toute fin d'en limiter la valeur. Sophocle, dans *Antigone*, résume peut-être au mieux cette antique morale non de la richesse mais de l'argent : « Rien n'a, comme l'argent, suscité parmi les hommes autant de mauvaises lois et de mauvaises mœurs ; c'est lui qui met la discussion dans les villes et chasse les habitants de leurs demeures ; c'est lui qui détourne les âmes les plus belles vers tout ce qu'il y a de honteux et de funeste en l'homme et leur apprend à extraire de chaque chose le mal et l'impiété. »

On pourrait sans doute faire le même constat pour toutes les sociétés et toutes les cultures. L'amour passionné de l'argent, au moins de son accumulation, que l'on prête aux protestants ? Mais on a déjà rappelé combien Luther et Calvin n'avaient pas de mots assez durs contre la confusion de l'argent et du salut : « L'argent, c'est le verbe du diable », dit Luther. L'amour de l'argent des Chinois ? Confucius et Lao Tseu enseignent à s'en détourner avec autant de vigueur que les sages occidentaux. L'avarice des Écossais ou des Auvergnats ? L'Écosse a produit David Hume et Adam Smith qui, s'ils ont défendu le commerce, ne l'ont fait que comme moyen, peut-être illusoire mais non insincère, de museler la « folie de la cupidité » et la « rapacité des riches » ; quant à l'Auvergne, elle a au moins enfanté Pascal qui ne fut guère un apôtre de l'argent. Enfin, on ne saurait opposer moralement un passé idéal où l'argent était marginal à une modernité dans laquelle l'argent serait devenu « roi ». D'abord parce que c'est une vieille lune sans doute aussi ancienne que la morale : de la plus lointaine Antiquité jusqu'à aujourd'hui, il n'y a pas de moraliste et peut-être même de penseur qui n'ait pas conspué, à un moment ou à un autre, une populace se soumettant odieusement au règne de l'argent-roi. Et ensuite parce que s'il est vrai que notre époque se caractérise par une monétarisation sans précédent des rapports sociaux, on ne voit pas très bien quel passé idéal lui opposer : l'Antiquité reposait sur l'esclavage, l'Ancien Régime sur des campagnes misérables, violentées comme jamais, et les débuts du capitalisme, moins monétaires qu'aujourd'hui, furent d'une brutalité sans nom. Bref, il est absurde d'opposer des morales qui justifieraient originellement l'argent à des morales qui le condamneraient : à l'origine, toute morale condamne l'argent et vise des valeurs au-delà de tout négoce, de tout échange et de tout calcul ; et ensuite, en se répandant, elle s'en débrouille comme elle peut, et souvent plutôt mal, puisque la plupart des « retours de la morale » semblent naître dans la dénonciation des richesses accumulées par ceux qui étaient censés la représenter. Jésus avec les pharisiens et les marchands du temple, les cisterciens avec les bénédictins, les ordres mendiants avec les bénédictins et les cisterciens, les réformés avec le pape et la curie romaine, les révolutionnaires avec les moines et les prêtres en général, puis les Montagnards avec les Girondins, puis les sans-culottes avec les Montagnards – toujours le même mouvement : élan contre l'argent, retombée et compromis, puis retour aux origines.

De ce point de vue, s'il y a une spécificité proprement philosophique de la critique morale de l'argent, elle repose peut-être moins dans l'apport de nouveaux arguments que dans la tentative d'empêcher que de telles condamnations ne se dégradent en une série de petits arrangements casuistiques ; et ce, à toute fin d'éviter à la fois celle-ci et la violence des retours de bâton moralisateurs qu'elle occasionne sans cesse : éviter à la fois la corruption des Médicis et la folie Savonarole. La morale philosophique prendrait ainsi sens en radicalisant, en systématisant et en tenant bon sur une condamnation qui est aussi communément admise que communément oubliée et, après coup, tout aussi communément, mais cette fois plus violemment, rappelée. Une telle rationalisation radicale de la critique de l'argent est en son fond très anhistorique et s'incarne sans doute au mieux suivant un axe Platon-Rousseau. Chez l'un comme chez l'autre, chez l'ancien comme chez le moderne, on trouve en effet une même condamnation univoque de l'argent : le but d'une bonne cité ou d'un bon État n'est pas d'accumuler des richesses mais d'éduquer les enfants et d'assurer le bonheur de tous, ce pourquoi l'argent doit être exclu de la cité idéale et réduit au dernier rang des biens dans les cités réelles par la triple interdiction de sa possession par des particuliers, de la liberté de commerce avec l'étranger et de l'usure. C'est ce que prône Platon dans la *République* et les *Lois* : « Nous disons donc que, dans notre cité, il est bon qu'il n'y ait ni or ni argent. » Et Rousseau, aussi bien dans son *Projet de constitution pour la Corse* que dans ses *Considérations sur le gouvernement de Pologne*, ne dira pas l'inverse [10]. Mais surtout, pour les deux, Rousseau se réclamant d'ailleurs explicitement de Platon, une telle condamnation se justifie par les mêmes arguments. On peut en dénombrer au moins trois, deux moraux et un plus politique :

Leur commun refus de l'argent se justifie d'abord par un trait de caractère en propre, une sorte de répulsion intime qui semble s'établir en deçà de toute argumentation rationnelle, au niveau du « naturel philosophe », dit Platon, au niveau du « goût », dit Rousseau : un même dé-goût à la fois pour la prétention à la possession, pour l'échange marchand et pour l'occupation de l'esprit et du corps qu'il implique. C'est la position que Platon en tout cas prête à Socrate au début de l'*Apologie* : lui, à la différence des sophistes, ne se fait pas payer parce qu'il n'y a rien à vendre – la vraie science ne se possède ni ne se vend. Et c'est la raison pour laquelle dans la *République*, il sépare clairement la classe des salariés, artisans et négociants, de celle des gardiens de la cité : les premiers n'ont pas le temps de s'en occuper, l'argent et le travail accaparent bien trop le corps et l'esprit. Quant à Rousseau, il s'en explique ainsi dans les *Confessions* : « Aucun de mes goûts dominants ne consiste en des choses qui s'achètent. Il ne me faut que des plaisirs purs, et l'argent les empoisonne tous [...]. Je voudrais une chose bonne dans sa qualité : avec mon argent je suis sûr de l'avoir mauvaise [...]. Que de soins, que d'embarras ! [...] Que de peine avec mon argent. » C'est la même logique : en tant que possession, l'argent est illusoire, ce n'est qu'une promesse de possession ; en tant que moyen d'échange, c'est un gage d'impureté dissolvant d'avance le caractère singulier et incomparable de toutes choses en les rendant équivalentes ; et en tant qu'objet de désir, c'est une perte de temps et un embarras perpétuel. Dans cette mesure, si l'argent est condamnable, c'est d'abord parce qu'il n'y a même pas à s'en convaincre : toute bonne nature pour

Platon, tout homme non encore corrompu pour Rousseau, l'éprouve spontanément, et ce à travers toutes ses fonctions.

Le second argument est corollaire du premier : les bonnes natures se détournent de l'argent parce que l'argent *corrompt*. En un sens, c'est là un lieu commun, mais la force de Platon et Rousseau est de lui donner à la fois de la distinction et de la systématicité. Distinction car il faut bien percevoir l'argent en lui-même, et non en ce qu'il désigne ou promet (les richesses matérielles ou les honneurs ou les puissances), comme le seul agent de la corruption. Autrement dit, ce ne sont pas les seuls riches qui sont corrompus par l'argent et ce n'est pas l'ensemble des faux biens (honneurs, plaisirs sensuels, argent) qui corrompent mais primordialement l'argent. La pauvreté corrompt autant que la richesse et il y a un vrai honneur et un vrai prestige que richesse *et* pauvreté corrompent encore. « Celle-ci engendre le luxe, la paresse et le goût de la nouveauté, l'autre la bassesse et la méchanceté outre le goût de la nouveauté », dit Platon. Ce pourquoi Rousseau distingue la « richesse » et la « prospérité » ou l'« opulence » et l'« abondance » : ce n'est pas la richesse en soi qui est mauvaise, c'est l'opulence que promet l'argent, et qui fait des riches corrompus et des pauvres envieux. Et systématicité ensuite car il ne suffit pas de dire que l'argent corrompt, il faut encore montrer qu'il corrompt *tout*. Corruption des âmes d'abord. « Qu'un homme de bien qui l'est d'une façon exceptionnelle soit aussi exceptionnellement riche, voilà qui est impossible », dit Platon, car l'argent peut échoir au juste aussi bien qu'à l'injuste et dès lors corrompre tout sens de la justice, les âmes bien nées pouvant se retrouver démunies et les rustres opulents. Et Rousseau de surenchérir : « Les systèmes de finance font des âmes vénales, et dès qu'on ne veut que gagner, on gagne toujours plus à être fripon qu'honnête homme. » Corruption des corps ensuite. Ce pourquoi Platon et Rousseau placent l'agriculture et l'artisanat très au-dessus du commerce : les marchands sont ordinairement tels parce qu'ils ont « la santé la plus faible, étant incapables de tout autre travail » ; et devenant ainsi riches, ils s'engraissent et rendent leur corps débile et lâche à force de n'être pas exercé. Corruption des désirs encore : l'argent pousse à la *pléonexie*, à vouloir plus que sa part, à l'« insatiable désir de posséder ». C'est l'incarnation du mauvais infini. Corruption des relations sociales enfin : il n'y a pas d'amitié ni de sincérité possibles là où règne l'argent. Les arguments de Platon et de Rousseau sont toutefois ici presque inverses. Pour Platon, l'amitié est impossible parce que l'argent la déchire dans des scènes publiques : des procès, des conflits d'intérêts ouverts, des injustices patentes. Pour Rousseau, au contraire, l'amitié est impossible parce que l'argent, « vu sa circulation secrète » et sa capacité « à ne laisser aucune trace visible », pousse à la trahir sans cesse, ou au moins à soupçonner sans cesse l'ami comme ses concitoyens d'être intéressés et de cacher leurs sentiments. Mais, dans les deux cas, on aboutit effectivement au même constat. L'argent corrompt tout et il n'y a rien à céder à la sagesse populaire déjà corrompue : l'argent ne contribue pas au bonheur ; au contraire, il l'empêche par la double menace (être trop riche ou trop pauvre) qu'il fait peser sans cesse ; il n'assure aucune sécurité, tant il énerve ou détruit bien plus sûrement les âmes, les corps, les désirs ; et les bons comptes ne font pas les bons amis, tant il introduit au cœur des amitiés le double poison de la querelle publique et des jalousies secrètes.

Mais tout cela ne serait rien si cette corruption morale n'avait pas des effets politiques désastreux. En particulier deux : d'une part, l'argent est à l'origine de la guerre sous toutes ses formes, d'autre part, il est à l'origine des pires défaites. À l'origine des guerres et des défaites extérieures d'abord. Il est intéressant de souligner l'ambiguïté commune de cet argument. En un sens, il est pacifiste : pour Platon, l'argent « produit l'insatiable désir de posséder » qui est à l'origine des guerres de conquête – première théorie de l'impérialisme ; pour Rousseau, c'est en tant que signe de la propriété qu'il est à l'origine « de crimes, de guerres, de meurtres, de misères et d'horreur ». Mais, en un autre sens, il est belliciste : les peuples riches non seulement attirent les pillards, mais surtout ils ne savent plus se battre tant l'argent ramollit ; et Rousseau lui-même de reprendre les arguments de Machiavel pour montrer que l'argent n'est pas le nerf de la guerre. Toutefois, en raison même de cette ambiguïté, le pire effet politique de l'argent est d'être à l'origine, plus encore que des guerres extérieures, des guerres intérieures, des guerres civiles. Car l'argent à la fois divise la cité en classes ennemies, celle des riches et celle des pauvres, et délite pour tous la notion même de « bien commun ». Première théorie de la lutte de classes non comme moteur de l'histoire mais comme ruine des sociétés. Les arguments de Platon et Rousseau sont toutefois en partie différents. Pour le premier, il y a une inégalité naturelle irréductible, en termes de talents mais aussi de biens, dès lors la faute de l'argent n'est pas tant de produire une division de la société en classes, ce qui est inévitable, que de produire deux classes antagonistes au lieu d'être unies et complémentaires comme le sont les trois classes que Platon propose d'instituer entre artisans/commerçants, gardiens guerriers, philosophes. Pour le second, les inégalités d'argent ne sont pas le terme dernier de l'inégalité entre les hommes (qui est le despotisme) mais son moteur : ce qui permet, dès que s'institue la propriété, de passer d'une égalité naturelle à une inégalité d'institution telle que le despotisme devient possible. Car si la propriété est le vrai fondement logique de l'inégalité, elle ne peut, dans des sociétés peu monétaires, avoir que peu d'effets, susciter peu de crimes (comment voler des pierres ou des champs ?) et apparaît souvent autant comme un poids que comme une puissance sur les autres : c'est le château ou la maison de famille que l'on ne peut pas vendre qui pèsent sur les épaules de ceux qui ont le malheur de les posséder et ne servent qu'à s'exploiter soi-même. Dans les deux cas, pourtant, inégalité fausse ou moteur de l'inégalité, l'argent est reconnu comme un même fléau : ce qui sépare les hommes au lieu de les unir et conduit les sociétés aux crimes extérieurs et à la ruine intérieure.

Il est bien difficile de ne pas reconnaître une justesse profonde dans une telle condamnation. D'autant plus qu'on ne saurait recourir ici ni au sens commun (Platon et Rousseau ne lui contreviennent pas, ils se contentent de l'obliger à être cohérent avec lui-même : ou bien il y a une morale, une justice ou un idéal d'égalité, et l'argent doit être condamné, ou bien il n'y a pas de morale) ni à l'argument apocalyptique, si commun aujourd'hui, consistant à dénoncer les dangers d'une telle condamnation (haine criminelle des riches ou haine des richesses et des grandeurs) puisque c'est justement aussi au nom de tels dangers que l'argent se trouve dénoncé : la haine de l'argent et des riches, c'est encore un effet de l'argent. Il faudra sans doute s'en souvenir : aimer l'argent, le rechercher pour lui-même, en soutenir l'institution et l'expansion sont et seront toujours moralement injustifiables si l'on veut donner à la morale tout son sens.

En revanche, il est aussi nécessaire de reconnaître la vanité d'une telle condamnation : condamner l'argent sous toutes ses formes n'est pas faux, mais vain, c'est-à-dire impuissant, sans effet.

Vanité morale d'abord. Car qui peut porter jusqu'au bout une telle condamnation ? Sans doute pas le riche, et pas l'homme moyen non plus, celui qui n'est ni riche ni pauvre, puisqu'il apparaîtra encore comme riche aux yeux de plus pauvre que lui. Le cynique authentique, en renonçant à tout bien non vital, le tentera alors, mais Platon définira lui-même Diogène comme un « Platon devenu fou » et même un monstre de vanité : « À travers les trous de ton manteau, Diogène, je vois encore passer ta vanité. » Car comment croire que l'on réformera les hommes en les insultant à longueur de journée ? Le cynique, en « faussant toute monnaie », contribue sans doute bien davantage à son glorieux martyre qu'à l'édification des autres. Il y a une vanité à dénoncer moralement l'argent comme il y a sans doute une vanité dans toute leçon de morale. Mais, avec l'argent, c'est encore pire : ce n'est pas seulement une morale sans mains, c'est une morale sans énonciateur possible : il faut n'avoir rien pour dénoncer l'argent, mais n'avoir rien suppose peut-être la vanité la plus extrême.

Et vanité politique ensuite. Car Platon et Rousseau semblent avoir conscience en vérité de la vanité des condamnations purement morales de l'argent ; ce pourquoi ils se situent d'emblée soit sur le terrain de l'exemple (Socrate) ou de l'intime, qui jouent en deçà de toute généralité moralisatrice, soit sur le terrain de la politique. Et pourtant, là aussi, la condamnation semble vaine au sens où elle n'apparaît encore que morale là même où elle se prétend politique. Car si Platon comme Rousseau ne peuvent concevoir réellement un État sans argent, alors ne placent-ils pas d'emblée le ver dans le fruit tout en prétendant en restreindre l'importance, le « dévaluer », dit Platon, le « ralentir », dit Rousseau ? Autrement dit, passer ici de la morale à la politique, n'est-ce pas seulement dissimuler son impuissance morale sous un idéalisme politique en vérité tout aussi impuissant étant donné les puissances de dégoût, de corruption et de conflit qu'ils lui reconnaissent ? Plus encore, n'est-ce pas là construire une alliance politique contre nature entre l'aristocrate Platon, qui voit dans l'argent le cœur de la démocratie, et le démocrate Rousseau, qui y voit au contraire le cœur de l'aristocratie ? Enfin et surtout, n'est-ce pas là s'enfoncer dans des contradictions inextricables ? En particulier, pour Platon, on trouve peut-être une contradiction majeure entre, d'un côté, son désir de libérer le philosophe-dirigeant de la cité des tracas et des puissances corruptrices de l'argent et, de l'autre côté, son souci de confier les monnaies à un monopole d'État à toute fin d'en contrôler la circulation. Car qu'est-ce à dire sinon que pour libérer les philosophes de l'argent il faut leur en confier la charge quasi exclusive ? Rousseau semble s'emmêler dans des contradictions de même calibre. Non seulement, dans les *Confessions*, il a bien du mal à se défendre, après tout ce qu'il vient de dire à propos de son incapacité à savoir user de l'argent, contre ses critiques qui l'accusent d'« avarice sordide », mais surtout toute sa condamnation politico-morale de l'argent repose, avec raison, sur son caractère d'ennemi de la liberté et de l'égalité, soutier du despotisme. Et pourtant, comment faire alors pour que l'appât du gain ne soit pas le moteur secret de la plupart des actions humaines ? En faisant, dit Rousseau, contre l'argent sans trace, « qu'il ne fût jamais permis à un homme en place de marcher incognito ». Or n'est-ce pas là le début d'un nouveau despotisme ? Comment empêcher chaque « homme en place » d'être anonyme et d'user librement de sa vie et de ses biens sinon en demeurant dans les codes de l'Ancien Régime où les corvées et les paiements en nature primaient les échanges monétaires ? On a souvent fait de Rousseau l'apôtre de la Terreur révolutionnaire française. Quand on examine ses textes sur l'argent, on y trouve plutôt une nostalgie des petits États, peuplés de petits propriétaires, qui ressemblent à maints égards davantage à un Moyen Âge seigneurial fantasmé, fait de corvées joyeuses et de trocs libres d'argent, que du Comité de salut public et de Robespierre. Ce n'est sans doute ni plus ni moins noble, mais c'est tout aussi contradictoire.

Une indifférence inquiétante

Non seulement on peut condamner moralement l'argent, mais en un sens tous s'abandonnent, à un moment ou à un autre, à la jouissance d'une telle réprobation. Or la philosophie n'est-elle pas là pour autre chose que pour radicaliser les répulsions archaïques du sens commun ? Plus encore, s'il est juste « en soi » de condamner moralement l'argent, comment faire d'une telle condamnation univoque une morale appliquée et crédible dans des sociétés d'argent ? Toutes les réponses semblent aporétiques et c'est sans doute pourquoi, dans la plupart des philosophies hellénistiques et classiques, la seconde position morale face à l'argent apparaît non plus comme une condamnation mais comme une *indifférence* tantôt affirmée, tantôt tacite, tantôt méprisante, tantôt simplement neutre, mais dans tous les cas tout aussi radicale et tout aussi universelle. Car au fond, vu les contradictions dans lesquelles on s'enfonce à vouloir le condamner, mieux vaut peut-être se contenter de dire que de l'argent, une fois surmontés sa faiblesse initiale ou son dégoût premier, il n'y a pas à se soucier et il n'y a rien à dire. Et ce, si l'on met à part (pas totalement, nous y reviendrons) Aristote, quelle que soit l'école philosophique. Les hellénistiques, qui pourtant finissent par faire de la morale comme recherche de la vie bonne le cœur de la philosophie, n'en parlent guère plus que les présocratiques qui avaient fait de la nature, où l'argent est par définition absent, l'objet primordial de la méditation philosophique ; et les matérialistes (Démocrite ou Épicure) s'en détournent autant que les idéalistes platoniciens, bien que pour des raisons inverses : pour ceux-ci parce qu'il n'est que le signe d'une copie de copie, le matériel par excellence, pour ceux-là parce qu'il est le nom idéal de tous les biens artificiels et superflus, l'abstraction idéalisante par excellence. Et à quelques exceptions près l'on pourrait pousser le constat pratiquement jusqu'à aujourd'hui : même les pionniers du libéralisme (Montesquieu, Hume, Smith) en parlent très peu, lui préférant les notions de richesse et de travail ; même les utilitaristes (Bentham, Mill) ne se soucient guère de l'argent en vérité puisqu'il n'est que signe ou moyen d'accéder à une utilité réelle (c'est-à-dire constituée de biens consommables). Plus encore, l'utilitarisme en soi, bien que reposant sur un calcul de son utile propre apparemment calqué sur les calculs qu'impose l'échange monétaire, n'est en rien garant d'un amour ou d'une justification de l'argent. Car il existe tout un courant utilitariste allant de Hobbes à Thoreau qui condamne la recherche de l'argent non parce que celui-ci réduit la pensée à un calcul, mais parce que dans un tel amour on calcule mal : c'est mal calculer son utile propre que de croire que l'argent peut assurer sa sécurité ou son bonheur : autrui, l'État ou la Nature valent bien davantage, et ce déjà en simples termes d'utilité. En un sens, on pourrait donc presque dire qu'au-delà de toute condamnation première, vibrante mais vaine, une indifférence seconde à l'argent est le vrai plus petit dénominateur commun de toute philosophie morale ordinaire : le vulgaire s'en affole, les âmes religieuses s'en désolent (réellement ou hypocritement), les sophistes s'en servent, et les philosophes s'en moquent ou détournent le regard, qu'ils soient pauvres (Socrate, Diogène, Épictète) ou riches (Sénèque, Marc Aurèle).

Cet accord minimal, dès que la réflexion est poussée un peu plus loin que la répulsion spontanée, sur l'irrelevance de l'argent dans les affaires morales peut s'expliquer d'abord par le clair-obscur dans lequel baigne le concept commun d'argent. S'il apparaît en effet comme un rapport social, le contenu de celui-ci se révèle très vite complètement indéterminé. En tant que rapport, ce n'est pas un concept clair, à peine une notion, et encore très confuse, puisqu'elle ne permet jamais de nommer clairement le rapport dont il s'agit. Tantôt elle est subsumée sous le concept de richesses matérielles ou de biens périssables (les *temporalia*), l'amour de l'argent n'étant plus qu'un amour parmi d'autres pour les biens matériels (l'argent comme jouissance parmi d'autres) ; tantôt elle constitue plutôt l'essence réelle de tous ces biens, l'amour de l'argent devenant la vérité de l'amour des richesses (l'argent comme statut social) ; tantôt encore elle est subsumée sous un concept encore plus large, celui de « faux biens » (*falsa bona*), et se trouve confondue dans les « trois faux biens » qui structurent toute la philosophie morale antique : les honneurs, la volupté et l'argent. De plus, tantôt la notion d'argent incarne une série de passions ou de *qualités* proprement irrationnelles (avarice ou prodigalité), tantôt au contraire elle signifie une puissance froide et radicalement dépassionnée de *calcul* et de *quantification.* Et surtout elle ne permet de fonder aucune valeur stable : l'argent paraît valeureux quand il est le fruit d'un travail acharné, mais en même temps quoi de plus absurde que d'avoir autant trimé pour un bien aussi futile ; et, à rebours, l'argent paraît complètement superflu et sans valeur quand il a été simplement donné ou hérité, quand il n'est lié ni au travail ni au besoin, mais en même temps n'est-ce pas là qu'il acquiert sa plus haute valeur : à la fois comme expression d'une générosité pure, c'est-à-dire anonyme, à distance, et sans réciproque possible, et comme marque même de notre humanité – « le superflu, chose bien nécessaire », disait Voltaire ? Autrement dit, quand on parle d'argent, on ne sait jamais ce que l'on nomme précisément. Et dans l'intérêt des hommes pour l'argent, on ne peut savoir *a priori* ni précisément ce qu'ils visent (jouissance, statut, c'est-à-dire puissance ou sécurité) ni ce que cette visée exprime comme passion ou comme absence de passion, et encore moins quelle valeur accorder à chaque usage particulier puisque tout y apparaît sens dessus dessous : le plus passionnel y est le plus rationnel, le plus futile y est parfois le plus haut, le plus méritoire le plus absurde.

En bref, l'argent est soit un pur objet pratique qui ne supporte ni la théorisation ni la moralisation : c'est la négation pure et simple de la vie de l'esprit ; soit un simple leurre qui ne crée que des différences sans consistance et qu'il s'agit uniquement de démystifier pour le ramener à sa (non-)vérité : un bien indifférent pour n'importe qui visant à une vie humaine ou surhumaine. Prenons deux cas exemplaires bien qu'apparemment très éloignés : les stoïciens et Marx.

Pour les premiers, le sage est entièrement indifférent aux questions d'argent, parce que celles-ci relèvent essentiellement de la vie sociale (*negotium*) et du destin, qui ne dépendent pas de lui, alors que sa morale exige de ne se soucier que des choses qui dépendent de lui, à savoir ses représentations, les seules choses dont il peut décider à loisir dans le temps libre de tout négoce (*otium*). Le bon rapport avec l'argent est donc un rapport de pure indifférence. Cela dit, une fois armuré dans son indifférence, le sage stoïcien doit vivre dans le monde pour y remplir son métier ou son office (*officio*). À la « morale parfaite » du sage ne visant qu'à se conformer à la nature par une visée souveraine de sa vertu peut donc s'articuler une « morale moyenne » ou appliquée des « préférables » consistant à sélectionner au sein des biens périssables ceux que l'on doit préférer à d'autres quand on a l'heur de pouvoir en décider : le sage est ainsi indifférent en son fond à la mort, à la maladie, aux souffrances, mais s'il a l'heur de pouvoir en décider, il « préférera » la vie à la mort, la santé à la maladie, la tranquillité du corps à la souffrance. Or, dans cette perspective d'une « morale appliquée », où situer l'argent ? D'un côté, l'argent est un préférable, puisqu'à la fois c'est un bien naturel (il est extrait de la terre comme l'or) et qu'il peut me permettre de m'adonner plus librement au loisir de la vie de l'esprit ; mais, d'un autre côté, en n'étant qu'une convention qui augmente les conditions de possibilité de son usage au lieu de les diminuer et en risquant de m'asservir plus qu'il ne se doit au négoce des affaires publiques, l'argent apparaît plutôt comme un faux bien qu'il faut fuir autant que possible. Dès lors, l'argent sera pensé comme « préférable neutre », c'est-à-dire comme un bien qu'il est indifférent, *même en pratique*, de désirer ou de fuir. Autrement dit, l'indifférence absolue du sage à l'endroit de l'argent en tant que bien temporel parmi d'autres se redouble d'une indifférence pratique en raison du caractère radicalement indécidable de l'argent : chose à la fois naturelle et fausse, à la fois condition et négation de l'*otium*, objet sur lequel la morale s'applique à la fois le plus aisément et le plus difficilement, à la fois simple expression de vices plus profonds et manifestation la plus exemplaire de ceux-ci, l'argent ne vaut qu'à en faire usage dans l'indifférence la plus complète. Comme dit Sénèque [11] : « Celui-là est grand qui fait usage de vaisselle de terre comme si c'était de l'argenterie. Celui-là n'est pas moins grand qui fait usage d'argenterie comme si c'était de la vaisselle de terre. Faiblesse d'âme que ne pas savoir supporter la richesse. »

En bref, il y a là une sorte d'indifférence à la puissance deux. D'une part, c'est le bien par excellence dont il n'y a aucunement à se soucier ni pour le sage ni pour l'apprenti à la sagesse : indifférence théorique et déontique. Mais d'autre part, cela demeure vrai *que l'on en possède ou non*, et du même coup, à cette indifférence encore abstraite s'ajoute une exigence d'indifférence plus concrète, une indifférence d'usage : qu'il soit riche ou pauvre, le sage est capable d'en user (par la dépense ou l'épargne) avec la plus complète indifférence. En quelque sorte, c'est un bien si indifférent qu'il n'y a pas davantage à le craindre qu'à l'espérer [12].

Soutenir ensuite avec Marx que le bon rapport avec l'argent est un rapport d'indifférence paraît moins évident. N'est-il pas celui qui a au contraire conspué l'argent comme « Dieu jaloux d'Israël », « niveleur radical », et l'a décrit comme une puissance d'aliénation fondamentale : aliénation des choses concrètes, puisque celles-ci disparaissent sous leur signe monétaire ; aliénation du travail concret, puisque le sens de celui-ci se dissimule sous la forme du salaire ; aliénation des hommes concrets, puisque ceux-ci se réduisent au rang de marchandises que l'on peut acheter et vendre ; et plus généralement aliénation de toutes les différences réelles, celles-ci se dissolvant sous le règne de l'argent comme « équivalent général » ? En vérité, il faudrait sans doute distinguer ici entre un Marx de jeunesse encore pris dans une problématique de l'aliénation, qui n'est dépourvue ni d'idéalisme ni d'antisémitisme, où l'argent joue un rôle fondamental, et un Marx de la maturité pour lequel l'argent s'évide de toute puissance propre pour n'être plus que le fétiche vide dissimulant la vérité des rapports sociaux.

Comment en effet raisonne ce dernier Marx, notamment dans la première section du premier livre du *Capital* ? Il nous dit d'abord que le capitalisme apparaît comme une formidable « accumulation de richesses », mais pour ajouter tout de suite après qu'à saisir les choses ainsi on est condamné à ne rien comprendre. Car, sous les richesses et leurs échanges, il faut saisir leur mode de production et d'accumulation qui repose exclusivement sur le procès de travail. Alors on s'aperçoit que tout se joue non dans la marchandisation des choses, de la terre et de l'humain, mais dans le phénomène plus profond et plus caché de l'exploitation : sous des relations monétaires apparemment égales et transparentes (rapport d'échange) se jouent des rapports d'exploitation où l'argent n'intervient en rien – ce qui intervient, ce n'est que la valeur d'échange, produite non par l'échange mais par le travail (une chose vaut autant qu'il y a de travail cristallisé en elle). De ce point de vue, les rapports d'argent ne sont que la dissimulation phénoménale de rapports sociaux plus profonds : la forme argent, « au lieu de révéler les caractères sociaux des travaux privés et les rapports sociaux des producteurs, ne fait que les voiler ». Le travail produit la valeur, la valeur se manifeste dans l'argent, mais celui-ci paraît ensuite n'exister que par lui-même, indépendamment des rapports sociaux qui l'ont rendu possible. S'arrêter à cette seule manifestation, c'est donc confondre l'effet et la cause et ne rien comprendre d'avance à la vérité des rapports économiques. Toute l'analyse économique marxienne conduit donc à une indifférence théorique : ce n'est pas l'argent, ce ne sont même pas les différences entre riches et pauvres qui sont fondamentaux, mais seulement les rapports de production où s'élabore en vérité tout autre chose : « la valeur devenant valeur progressive, argent toujours bourgeonnant, poussant, et comme tel capital ». Capital, « l'argent faisant des petits », c'est-à-dire le contraire d'un échange monétaire – un rapport de production dans lequel une valeur est créée par le travailleur sans lui être payée. C'est donc hors des rapports monétaires et marchands qu'il faut chercher la vérité du capitalisme. Car au sein de ces rapports, le travailleur, comme toute autre marchandise, *est toujours payé à sa valeur*, c'est-à-dire au coût de la reproduction de sa force de travail.

Une telle indifférence théorique n'est toutefois pas suffisante et doit se doubler d'une indifférence politico-pratique. Car ce fétichisme de la marchandise culminant en fétichisme de l'argent est « inséparable de leur mode de production », dit Marx. Autrement dit, tant que dure un monde social où les rapports entre les hommes sont dissimulés sous des rapports entre des marchandises, il est impossible de se défaire de l'illusion que l'argent constitue « l'unique incarnation adéquate de celles-ci ». En particulier, on ne peut pas se défaire de l'illusion ouvriériste qu'un bon ouvrier pourrait être payé *à sa valeur*, ou de l'illusion philanthropique qu'il pourrait exister des échanges monétaires justes, oubliant à chaque fois que si les ouvriers étaient payés à leur valeur ou si les échanges monétaires étaient effectivement égaux, il n'y aurait en vérité plus besoin d'échanges marchands et donc d'argent. Dès lors, il est nécessaire non seulement d'être indifférent aux différentes valeurs d'usage de l'argent (les différentes utilités qu'il peut procurer), mais aussi bien à ses différentes valeurs d'échange (le temps de travail socialement nécessaire cristallisé dans l'or, l'argent, la monnaie fiduciaire...) : ce n'est même plus la manière dont chacun use de l'argent qui est indifférente, mais aussi bien la manière dont chacun l'échange – pour Marx, le capitalisme, comme tout système économique, n'est pas en sa vérité un système d'échanges mais un *système de production* dans lequel les formes de circulation et de consommation ne sont que des moments. En d'autres termes, pas plus qu'il n'y a de bonne morale individuelle possible de l'argent, il n'y a de bonne politique de l'argent possible, mais seulement la double exigence d'une critique radicale d'un monde qui a besoin d'argent et d'une visée radicale d'un monde qui n'aurait plus besoin d'argent.

Le raisonnement marxien est donc en un sens parfaitement inverse à celui des stoïciens : ceux-ci partaient d'un souci essentiellement moral et individuel, celui-là d'un intérêt essentiellement politique et collectif ; et ceux-ci partaient d'une indifférence aux échanges monétaires pour aboutir à une indifférence au sein même de ses usages, quand celui-là parcourt un chemin exactement contraire : indifférence initiale aux usages au nom de la valeur d'échange, puis indifférence à la valeur d'échange elle-même. Et pourtant on aboutit au même constat : aussi bien pour soi-même que pour comprendre (ou transformer) notre monde social, le bon rapport avec l'argent est un rapport d'indifférence absolue ; et aussi peu sages (ou savants) sont celui qui le désire et celui qui le craint. Il est probable alors que l'on touche ici à une seconde vérité fondamentale : on ne peut concevoir de bon rapport avec l'argent que dans l'horizon d'un détachement radical.

Par sa radicalité même, une telle indifférence ne laisse toutefois pas d'être inquiétante. Inquiétante d'abord par l'indifférence qu'elle présuppose et qui confine vite au mépris à l'égard de toute question de répartition ou d'inégalité, et par suite à l'égard de tous ceux qui *manquent* radicalement d'argent parce qu'ils manquent de tout : les miséreux, les mendiants, les improductifs, les enfants. Être indifférent à l'argent, c'est chasser d'avance le *manque nu* de celui qui n'a rien, pas même sa force de travail. D'où le mépris des stoïciens pour la plèbe, y compris quand ils en font partie (tel Épictète) ; d'où le mépris de Marx pour le *lumpenproletariat* qu'a très justement relevé Jacques Rancière [13]. Et inquiétante ensuite par l'orgueil peut-être démesuré que manifeste une telle indifférence : l'idéal d'échange non marchand, donc sans dette, sans calcul, sans convention, sans apparence, que laisse planer Marx à l'horizon de la société sans classes, tout comme l'autarcie idéale du sage stoïcien n'entretiennent-ils pas le fantasme d'un homme tout-puissant ou d'une humanité « totale », capable de maîtriser entièrement son rapport avec les autres comme avec soi-même ? De ce double point de vue, les morales platonicienne et rousseauiste qui condamnaient l'argent sans détour apparaissent même rétrospectivement plus humaines et plus justes : dire comme Platon que l'argent est le lit de la décadence des sociétés, ou comme Rousseau qu'il « craint » l'argent plus que la frustration, n'est-ce pas plus humain, davantage lié à un souci de soi-même et des autres, que cette prétention à y être si indifférent qu'on puisse en user sans risque et sans trouble ?

Dès lors apparaît plutôt l'idée inverse : c'est la vertu même de l'argent que de nous rappeler à une certaine modestie morale en nous renvoyant à la nécessité du manque et de la convention. Mais avec elle surgit la tentation de le réhabiliter purement et simplement. L'argent, n'est-ce pas non seulement le rappel continu des limites et des faiblesses insurpassables de notre humaine condition, mais plus encore la seule puissance, certes ambiguë, parfois cruelle mais nécessaire, par laquelle les individus peuvent devenir des individus à part entière, gros d'un pouvoir, d'un possible et donc d'une liberté qui leur soient propres ? Que penser d'une telle tentation ?

Une réhabilitation douteuse

Prétendre être indifférent à l'argent ou prétendre démystifier la « magie de l'argent », comme disait Marx, c'était déjà d'une certaine manière le réhabiliter en montrant qu'il n'était pas la cause des maux qu'on lui impute ordinairement, mais seulement leur manifestation phénoménale. On pourrait dire maintenant que cette réhabilitation est naturellement produite par la double nécessité elle-même *morale* de se garder, d'une part, de la haine et du mépris du monde et, d'autre part, de la vanité et de l'orgueil. Car à trop critiquer l'argent, on risque de finir par haïr ou mépriser tout le monde : les choses futiles comme les choses de valeur qui deviennent les unes comme les autres des marchandises monnayables, les pauvres comme les riches qui se révèlent aussi intéressés les uns que les autres, les avares comme les prodigues qui s'avèrent également malades – le dégoût de la thésaurisation égoïste étant vite égal au dégoût de la dépense ostentatoire. Et, du même coup, on risque de faire perdre toute effectivité à son entreprise critique en finissant par la réduire à la seule apologie de soi-même. Qui peut vivre sans argent ou dans une indifférence complète à l'argent ? Ce ne sont jamais les hommes en général, ce n'est toujours que soi-même portraituré d'avance en héros ou en saint.

De ce point de vue, on pourrait presque soutenir qu'au-delà de sa critique originelle incarnée par Platon et Rousseau, ce sont pratiquement toutes les critiques de l'argent, qu'elles soient religieuses ou athées, communes ou philosophiques, raisonnables ou extravagantes, qui finissent toujours d'une manière ou d'une autre par le réhabiliter, justement pour éviter de s'abîmer à la fois dans la haine des autres et dans l'exclusive apologie de soi-même. Autrement dit, la réhabilitation de l'argent est peut-être aussi commune que sa critique, et ce qui distingue l'une de l'autre ce ne serait pas leur appartenance à deux morales historiquement, socialement ou géographiquement distinctes, mais le fait qu'elles correspondent à deux moments distincts de toute morale : un premier qui est toujours critique et un second visant à réhabiliter ce qui a été d'abord dénoncé. Les théologies médiévales, les morales des Lumières, même les morales prolétariennes privilégiant la hausse du salaire à toute autre revendication relèveraient de ce même processus de moralisation. De ce point de vue, le renversement à la fois le plus exemplaire et le plus extravagant est peut-être celui qu'opère Léon Bloy. Car après avoir conspué l'argent comme personne, l'avoir décrit comme le sang du Pauvre, c'est-à-dire du Christ, l'avoir incarné d'abord dans la « vermine juive », puis dans l'« infection protestante », et encore dans l'« insondable ignominie des catholiques français et plus encore belges », il est obligé de s'arrêter à son « mystère » : le fait que l'argent ne cesse de circuler, le fait que les juifs continuent d'exister, et d'en conclure que ce mystère oblige à accorder tout son sérieux aux mots de saint Luc selon lesquels « le salut vient des juifs », et donc, dans ses termes, de l'argent. Ce qu'on doit bien appeler la « folie Léon Bloy » serait ainsi la vérité de toute morale, religieuse comme laïque : à trop conspuer l'argent, on finit toujours par se retourner.

Si l'on admet cette hypothèse, il faut donc relativiser fortement les thèses aujourd'hui classiques selon lesquelles la modernité serait marquée par un formidable renversement des valeurs concernant l'argent : de passion autrefois honnie, l'amour de l'argent serait devenu la valeur fondamentale de nos sociétés. Nous pensons notamment aux thèses de Max Weber et d'Albert Hirschman. Pour le premier, en effet, la cause essentielle de ce renversement se trouverait dans l'expansion de la Réforme protestante qui voue l'argent non plus à la dépense et au luxe mais au travail en tant que vocation et au profit en tant que signe de son élection divine, faisant ainsi de l'accumulation de richesses le nouveau sens de la vie sur terre. Or, aussi forte que soit l'argumentation wébérienne, force est de constater qu'elle pèche à la fois par trop grande généralité et par trop grande particularité. Elle vaut sans doute pour les protestants, mais elle valait aussi bien pour les très catholiques cités italiennes, Gênes, Venise ou Florence, qui ont vu naître en un sens le capitalisme. On a pu montrer tout autant combien elle pouvait fonctionner avec les juifs ou avec le confucianisme japonais et chinois. Et on a pu montrer encore, notamment avec l'islam, combien le rapport avec l'argent variait peut-être moins en tant que valeur morale que par la proximité géographique des zones d'intensité du commerce : ce pourquoi la Malaisie a des résultats économiques incomparables avec le reste du monde musulman. Bref, la valorisation de l'argent peut apparaître dans *toutes* les morales, aussi rétives qu'elles lui soient initialement, et ce pour des raisons aussi bien internes qu'externes.

En étudiant les textes des penseurs du XVIIIe siècle (notamment Montesquieu, Steuart, Hume et Smith), le raisonnement d'Hirschman est en un sens complémentaire, et en un autre sens triplement opposé à celui de Weber. D'abord, il entend expliquer non pas la genèse du capitalisme et de l'amour de l'argent qu'il porte en son sein, mais pourquoi à ses débuts les élites les ont finalement perçus comme un bienfait riche de promesses pour la société tout entière. Ensuite, il montre que la nouvelle valorisation de l'argent repose non seulement sur la recherche acharnée de son salut personnel, mais au moins autant sur la recherche non moins acharnée d'éviter l'effondrement des sociétés (au moins des grands États modernes) : sans argent, à l'heure où se retirent la gloire et les Dieux, elles ne pourraient plus fonctionner. Enfin, alors que la recherche individuelle de l'argent et du profit apparaît chez Weber comme un effet non voulu de la Réforme, Hirschman entend montrer à l'opposé qu'une telle recherche a été intensément voulue pour des effets qui ne sont jamais advenus : la paix et la prospérité du plus grand nombre. Toutefois, on pourrait lui adresser à peu près les mêmes reproches. D'une part, bien qu'il prétende situer historiquement sa thèse (pour le seul XVIIIe siècle), il pèche peut-être lui aussi par trop grande généralité. Car cette réhabilitation est à la fois initiée bien plus tôt, en un sens depuis la Bible et Aristote, et n'a en vérité jamais cessé depuis : jusqu'à aujourd'hui, sans doute pas une année où ne fût publié un livre prétendant découvrir la lune en réhabilitant l'argent. D'autre part, il pèche par trop grande univocité, les philosophes qu'il analyse tenant en vérité des discours autrement plus ambigus sur les valeurs de l'argent et du « doux commerce » : c'est peut-être moins une « nouvelle » morale de l'argent qui s'élabore alors qu'un simple déplacement d'accent sur le second moment, réhabilitatif, de toute morale.

Toutefois, soutenir que toute morale connaît toujours, à un moment ou un autre, son « moment réhabilitatif » demeure une allégation encore abstraite tant qu'on ne lui a pas donné un contenu plus précis. En particulier, il faut préciser les raisons spécifiquement morales et presque invariantes historiquement qui permettent de renverser les principaux reproches que l'on fait à l'argent. On peut en relever au moins quatre :

Justice. Le premier reproche fait à l'argent par Platon est son injustice : il circule entre les mains des justes comme des injustes, il fait triompher des méchants et conduit des âmes bien nées à la ruine. Le sens commun, résigné ou cynique, est même en accord avec ce constat : l'argent n'a rien à voir avec la justice sous toutes ses formes. Pour la justice inconditionnelle, c'est une valeur en deçà du juste et de l'injuste qui ne récompense que les roublards et les débrouillards. Et, pour la justice positive, c'est une menace constante de corruption ou au moins d'iniquité, les riches risquant constamment d'acheter les jurés, ou au moins pouvant se payer les meilleurs avocats. Pourtant, sur un autre plan, on peut montrer aussi bien que l'argent joue un rôle essentiel dans le développement de notre justice moderne. D'abord en ce qu'il permet de sortir de la vengeance et d'humaniser les sanctions. Ainsi, quand le Talmud interprète la loi du talion, « œil pour œil, dent pour dent », comme obligation de compenser un crime de sang par un versement d'argent, il ne contribue pas peu à la fois à stopper la spirale infinie de la vengeance et à adoucir la cruauté des châtiments et des peines : mise à mort, supplices, ou même plus récemment prison. Et ensuite en ce qu'il autorise une bien plus fine proportionnalité entre crimes et punitions comme entre mérites et récompenses : sans l'argent, impossible d'établir une échelle fine des sanctions et des récompenses – on est nécessairement dans l'injustice *de facto*, introduisant des discontinuités arbitraires dans la longue continuité des délits ou des prouesses. L'argent est donc la condition à la fois d'une justice corrective humanisée et d'une justice distributive précise et individualisée.

Paix. Le second reproche fait à l'argent, notamment par Rousseau, est d'être à l'origine des pires crimes, pillages, rapines, brigandages. Principe de tentation perpétuelle, transformant les besoins naturels et finis en désir insatiable d'en avoir toujours plus, l'argent serait source de violences et de déchirements des liens sociaux. Et pourtant, là encore, on peut affirmer presque le contraire. C'est ce que remarque notamment Hume [14] : l'amour du gain ou « penchant intéressé » est certes la plus puissante des passions qu'aucune autre n'est capable de contrebalancer, mais en même temps elle est à elle-même son propre remède puisque « à la moindre réflexion, il est évident que cette passion est beaucoup mieux satisfaite quand on la contraint que quand on la laisse libre ». Or ce qui permet de « réfléchir » cette cupidité, c'est justement l'argent en tant que rationalisation de l'intérêt égoïste, c'est-à-dire en tant que torsion de notre « vouloir tout tout de suite » en « vouloir tout plus tard et par la médiation de la loi ». L'argent rend spontanément violent et solitaire mais réflexivement non violent et social : son illimitation et sa fluidité apparentes se transmuent en principe de constance inédit. C'est dans le même esprit, mais sur le plan de la paix entre les nations davantage qu'entre les individus, que Montesquieu développe sa thèse célèbre du « doux commerce [15] » : « Partout où il y a des mœurs douces il y a du commerce ; et partout où il y a du commerce il y a des mœurs douces. [...] L'effet naturel du commerce est de porter à la paix. » Et ce pour une raison fort simple : le commerce fait surgir l'idée d'un avantage commun à rivaliser par le commerce plutôt que par la guerre. Or cette rivalité commerciale n'est possible que par l'argent qui, à défaut d'améliorer les hommes, apaise au moins leur avidité spontanée. Ou en tout cas *peut* l'apaiser.

Être. Sous les reproches d'injustice et de violence faits à l'argent se dissimule souvent un reproche plus profond, quasi métaphysique : l'argent fait se détourner de son être et de la question de l'Être en général au profit de l'avoir. Or l'avoir est toujours un danger, celui de la dépossession de soi-même, « causant souvent la perte de ceux qui le possède et toujours celle de ceux qui en sont possédés », pour parler comme Spinoza. Car l'Être relève de la qualité, du symbolique et du don, quand l'avoir ne relève que de la quantité, de l'imaginaire et du contrat. En ce sens, il est commun d'opposer une logique du don, qui me confère l'être par la double reconnaissance symbolique de l'autre à qui l'on donne et de l'Autre qui nous voit donner, et une logique contractuelle de l'argent, qui me réifie comme agent de l'échange marchand. Mais si ces deux logiques sont effectivement distinctes, il est en vérité bien difficile de tenir une telle opposition sur un plan moral. Comme le rappelle par exemple Marcel Hénaff, s'il est vrai que le don subjective par une reconnaissance mutuelle tandis que l'argent objective et dépersonnalise, la logique du don est aussi celle de l'enfer de la réciprocité, de la justice vindicatoire et du sacrifice, tandis que l'argent rend possible une justice arbitrale et une individualisation réelle [16]. Du même coup, le véritable enjeu est moins d'évaluer ces deux logiques l'une par rapport à l'autre que de se demander comment elles peuvent être compatibles et à quelles conditions. De surcroît, est-il seulement certain qu'elles soient entièrement distinctes en nature ? En un sens, on pourrait soutenir que seul l'argent permet de sortir de la logique anthropologique don/contre-don, qui est toujours un moyen de s'attacher l'autre, et ainsi que seul l'argent permet de concevoir une théorie du don « pur » qui en présuppose toujours toutes les « qualités » : la non-réciprocité (l'absence de contre-don, c'est-à-dire d'obligation de rendre), l'anonymat du donateur, sa distance réelle (puisqu'on peut donner à des êtres à l'autre bout du monde), le non-marquage de ce qui est donné, et le respect de la liberté de celui qui reçoit (puisque c'est seulement avec de l'argent qu'il peut faire ce qu'il veut). Et plus encore, est-ce que ce ne sont pas les catégories mêmes de l'Être que mobilise l'argent ou en tout cas auxquelles il peut servir d'excellente propédeutique ? En particulier le manque, la résistance et le possible qui irriguent toutes les conceptions modernes de l'Être dégagées des métaphysiques de la présence. Avoir le sens de l'argent, c'est en effet avoir d'abord le sens du manque, accepter le « manque-à-être qu'est la vie », comme dirait Lacan. C'est ensuite avoir le sens de la résistance des choses : « l'argent ne pousse pas sous le pas d'un cheval », dit la sagesse populaire, enseignant ainsi que l'être ou le réel est d'abord ce qui résiste à la toute-puissance de nos désirs et aux délires de notre imagination, exigeant effort et persévérance. Et c'est peut-être enfin avoir le sens du possible, l'argent permettant de s'arracher à la dictature de la réalité pour ouvrir le champ des possibles et des métamorphoses. C'est ce qu'ont très bien montré Deleuze et Guattari en décrivant l'argent dans le capitalisme comme une formidable puissance de déterritorialisation et de décodage des flux jusqu'à finir peut-être par « nous envoyer tous sur la Lune ». L'argent décode tous les anciens pouvoirs territoriaux. Ce n'est pas nécessairement pour le meilleur, c'est même souvent pour le pire, mais il faut en prendre acte : on ne peut pas d'un côté condamner les despotismes politiques et de l'autre conspuer le despotisme de l'argent – il ne peut s'agir du même concept. C'est pourquoi ils soutiennent que seuls les banquiers ont peut-être la capacité de définir le sens de l'être dans un monde où « même la réalité a cessé d'être un principe ». Un tel sens est sans doute dangereux, mais il a le mérite d'être effectif.

Liberté. Le dernier, mais en un sens le plus commun, des principaux reproches que l'on puisse faire à l'argent est celui d'être aliénant, de nous engager dans une logique d'hétéronomie qui nie notre liberté. N'est-ce pas celui qui n'a plus rien à perdre ni à gagner qui est véritablement libre, et des choses et des autres ? N'est-ce pas au contraire celui qui est le plus attaché à sa fortune (réelle ou imaginaire) ou à son besoin (réel ou imaginaire) qui est le plus serf ? Car l'argent semble nous ligaturer quadruplement : il nous aliène aux choses (que l'on ne doit pas céder ni gâcher parce qu'elles valent tant), aux autres (à ceux à qui l'on doit et à ceux qui nous doivent), à l'ordre établi ou au système économique en place (sans lequel l'argent ne vaudrait plus rien), et aux rêves (de puissance ou de jouissance) qu'il incarne. Et pourtant l'inverse est tout aussi vrai. Ou, plus exactement, si l'argent peut nous aliéner, c'est d'abord parce qu'il a fait de nous des individus libres, affranchis des liens de soumission et d'allégeance propres aux sociétés peu monétarisées. Autrement dit, l'argent ne peut apparaître comme un poison qu'à celui auquel il a d'abord servi de remède. Simmel est peut-être celui qui a souligné avec le plus de force ce rôle décisif de l'argent dans la naissance de la liberté individuelle, s'opposant ainsi point par point à la thèse de l'aliénation originelle : « On peut désigner l'action de l'argent comme une atomisation de la personnalité particulière, comme un processus d'individualisation en son propre sein [17]. » Plus précisément, il rappelle ainsi que l'argent ne peut nous aliéner prioritairement aux biens matériels puisque, au contraire, il s'y « oppose en soi » : « D'emblée, il constitue une partie au sens judiciaire, et la totalité des biens qu'il paie, la partie adverse. » Il montre ensuite qu'il ne tend pas à nous aliéner aux autres, mais nous en libère en égalisant le rapport d'échange et en mettant à distance commanditaire et prestataire : « La rapine (et peut-être aussi le don) apparaît comme le tout premier stade du changement de propriété, où l'avantage se trouve donc entièrement du même côté, et l'inconvénient de l'autre. Or, lorsque au-delà de ce premier stade on s'élève à celui de l'échange [monétaire] comme forme du changement de propriétaire [...] nous avons là l'un des progrès les plus énormes qu'il ait été donné à l'humanité d'accomplir. » Il soutient encore que « l'indétermination absolue de son emploi » ainsi que le fait que dans sa valeur propre demeure toujours un « reste irréductible à sa fonctionnalité économique » l'empêchent de nous aliéner à lui seul à un système économique quelconque : on peut toujours et à chaque instant choisir, et donc rejeter, l'argent avec tout le système qui le porte – si l'argent est une religion, c'est au moins la seule qui tolère avec joie tous ses mécréants. Enfin, l'argent apparaît bien davantage comme un pouvoir de démystification que de rêve : non seulement les rêves d'argent sont les plus pauvres et les plus mornes, mais en vérité celui qui croit rêver d'argent ne rêve en réalité que de richesses tandis que le véritable homme d'argent ne rêve plus. Bref, si l'argent peut aliéner, en toutes les acceptions d'aliénation, force est au moins de constater qu'il ne le peut que sur des individus qu'il a auparavant libérés de l'esclavage, de l'allégeance, de « la dette de vie » à l'égard de l'ordre cosmique ou économique, et encore des rêveries mielleuses. On ne prête qu'aux riches...

Faut-il alors en conclure que le bon rapport moral avec l'argent, au-delà de tout scandale et de toute indifférence originelle, est un rapport d'acceptation et même d'éloge pour les puissances inédites qui le constituent ? En aucune manière, et ce pour une raison simple mais sans appel : parce que si dans tout processus de moralisation la critique et l'indifférence face à l'argent n'en constituent que des moments, il en va exactement de même pour de telles réhabilitations. Ainsi, ce n'est pas parce que les exégèses juives, chrétiennes ou musulmanes finissent toujours par accorder une certaine place et certains usages légitimes à l'argent qu'elles en oublient leur moment critique initial et n'y reviennent pas sans cesse. De même, Montesquieu ne loue les puissances pacifiantes du commerce que pour les mœurs barbares et dans les échanges internationaux, ajoutant « qu'il corrompt les mœurs pures » et qu'il n'unit pas les particuliers de même que les nations – entre eux, au contraire, « on trafique de toutes les actions humaines, et de toutes les vertus morales ». Et Hume, dans le même esprit, ne peut concevoir une nature humaine qui ne serait gouvernée que par l'égoïsme et l'amour du gain : il doit y ajouter un second principe qui est justement inverse – la sympathie. De même encore, quand Lacan affirme que « l'argent c'est le réel », il ne faut pas oublier que pour lui le réel c'est tout autant ce qui nous heurte, nous violente perpétuellement, c'est tout autant la merde, la mort et l'impossible ; et Deleuze et Guattari ne repèrent les puissances de décodage des flux que comporte l'argent qu'en montrant combien celui-ci joue tout autant le rôle d'axiomatique générale du capitalisme, surcodant aussi bien tous les flux qu'il avait auparavant décodés pour les faire servir à la reproduction d'un système anonyme et sans vie. Enfin, tout en reconnaissant les progrès indéniables qu'a permis l'argent dans l'ordre de la liberté individuelle et de l'égalité entre individus, Simmel est particulièrement sévère pour décrire les violences et les illusions qui accompagnent un tel processus. En particulier, construisant une analogie précieuse entre la prétention à l'universalité du savoir et la prétention à l'universalité de l'argent, il peut noter ceci : « L'égalité apparente avec laquelle le matériau culturel s'offre à tous ceux qui veulent s'en saisir est en réalité une sanglante farce : exactement comme ces autres libertés des doctrines libérales qui, certes, n'interdisent pas au particulier l'accès à des biens de toutes sortes, mais passent sous silence que seul celui qui est déjà favorisé par de quelconques circonstances possède la possibilité de se les approprier. » Enfin, même en s'aventurant dans les bas-fonds de la vie de l'esprit, en lisant par exemple Benjamin Franklin, en un sens l'apologète le plus pur de l'argent et sans doute l'auteur de la plus calamiteuse maxime sur l'argent qui ait jamais été proférée (« Une vieille épouse, un bon chien et de l'argent liquide – voilà trois amis fidèles »), on ne saurait trouver une réhabilitation complète : même lui ne peut s'empêcher de s'indigner de la « passion des hommes pour l'argent » et avoue pour lui-même préférer qu'on se souvienne de lui comme d'un « homme utile aux hommes » plutôt que comme d'un « homme riche ».

Ainsi, si l'on peut aimer l'argent sans équivoque et sans vergogne, pour toute morale, c'est-à-dire pour tout système cohérent de justification de ses actions, même puritain et capitaliste, il ne saurait y avoir de réhabilitation définitive et stable : au mieux il ne s'agit que d'un non-lieu, au pis de simples circonstances atténuantes. Toute morale de l'argent apparaît donc plus que jamais comme un cercle qui va de la critique de l'argent à sa réhabilitation et de celle-ci à la critique, souvent plus vigoureuse encore. Pour sortir d'un tel cercle apparaît encore une ultime solution : celle de le trancher en deux, c'est-à-dire de renoncer à toute position radicale pour viser plutôt à un juste milieu entre elles. C'est l'ultime tentative pour accéder à un juste rapport moral avec l'argent, et peut-être son point de bascule dans tout autre chose.

Un juste milieu introuvable

Fuir autant la misère que la richesse, autant la haine que l'amour de l'argent, autant les guerres d'honneur que les paix factices et sans but du commerce universel, autant l'enfer du don que l'enfer d'un monde de purs individus égoïstes et calculateurs, c'est en un sens le propre de la morale commune. Celle-ci tranche ce cercle ou cette balançoire infinie par une morale du juste milieu : ni trop ni trop peu. Y penser un peu mais pas trop, dépenser et épargner ce qu'il faut, donner et prendre de manière convenable. Où situer pourtant un tel juste milieu ? Comment l'empêcher de varier sans cesse (historiquement, socialement, circonstantiellement) jusqu'à ne faire que reproduire sans le dire ce simple mouvement de balancier ?

Il faut en appeler ici à Aristote, et ce, à un double titre. D'abord parce qu'il est le penseur par excellence de la vertu comme « juste milieu » – à cet égard nous sommes tous aristotéliciens dès que nous cherchons à fuir des maux contraires. Et ensuite parce qu'il a justement appliqué sa morale du « juste milieu » à la question de l'argent dans des textes célèbres et infiniment commentés [18]. Le juste milieu est ainsi défini comme « médiété » ou moyen terme entre un défaut et un excès : « Là où il y a excès et défaut existe aussi le moyen. » On notera que ce moyen terme ne se situe jamais à égale distance de l'un et de l'autre, il est toujours plus proche de l'un des deux vices. Ce qui est alors remarquable dans l'analyse d'Aristote, c'est qu'il l'applique aux trois rapports possibles avec l'argent en les distinguant fortement : le rapport proprement moral, c'est-à-dire le caractère (*ethos*) qui décide de la possession et de la dépense, le rapport d'échange entre deux biens, et le rapport politico-moral aux moyens de l'acquérir. Autrement dit, il n'y a pas un bon rapport avec l'argent, il y en a trois. On doit les rappeler succinctement.

Libéralité. L'homme qui a le bon rapport avec l'argent, le vertueux « dans les affaires d'argent », c'est-à-dire dans « le fait de donner et d'acquérir de l'argent », c'est celui qu'il appelle le « libéral » (*eleutherios*). La libéralité est en effet définie comme médiété entre la *parcimonie*, c'est-à-dire à la fois l'impuissance à dépenser son argent (propre aux « avares, ladres et autres fesse-mathieux ») et la cupidité ou convoitise de l'argent par tous les moyens (propre aux « joueurs, pillards, brigands »), et la *prodigalité*, c'est-à-dire l'impuissance à conserver son argent et la compulsion à le dépenser de manière déréglée. Le libéral est toutefois plus proche du prodigue (qui peut toujours se guérir avec l'âge, la pénurie ou quelques bons conseils) que de l'avare (qui est « incurable »). En ce sens, il peut se caractériser par cinq traits essentiels :

1. Il est généreux, non par surabondance (il peut ne pas être riche) ou indifférence complète, mais parce qu'il aime « donner en vue du bien », il y éprouve toujours du plaisir et de la joie ; 2. Il n'aime pas l'argent en lui-même (« il ne fait aucun cas de l'argent »), sinon comme « moyen de donner » ; 3. Il n'est donc ni calculateur, ni négociant, ni thésaurisateur, c'est-à-dire qu'il n'aime l'argent dans aucune de ses fonctions économiques (unité de compte, instrument d'échange ou réserve de valeur), mais seulement comme dépense et comme don – Aristote dit : « il ne mesure pas ses largesses » et « il est accommodant dans les questions d'argent », préférant même alors subir l'injustice plutôt que la commettre ; 4. En lui se conjuguent parfaitement la capacité de donner comme il convient et la capacité de prendre comme il convient (savoir donner, c'est aussi savoir prendre) ; 5. De tous les gens vertueux, il est logiquement celui qu'on aime le plus. En bref, ce n'est un apôtre ni de la pauvreté ni de la plus extrême richesse, mais de l'amitié comme lien social fondamental non avec n'importe qui (comme dans le christianisme), mais avec ses amis, lien qui n'est ni de « pur don » ni de « pur intérêt », mais d'identification magnifique du don ou de la dépense et de l'intérêt (parce que l'ami est le bien le plus précieux). Il est difficile alors de ne pas prendre Aristote dans ses bras : y a-t-il tableau plus idéal, sans être idéaliste, de l'ami ?

Juste prix. Il ne faut toutefois pas s'arrêter là. Car à s'en tenir à un tel tableau, on n'aurait jamais qu'un rapport platonicien, un peu plus modéré et réaliste, avec l'argent. Mais Aristote va reprendre la question de l'argent sur un tout autre plan : non plus comme pur rapport moral (au sens grec : comme caractère), c'est-à-dire comme rapport avec l'ensemble des biens évaluables (*khrémata*), mais comme rapport de justice dans les échanges entre particuliers, c'est-à-dire comme rapport avec le seul *numéraire* (*nomisma*) facilitant les échanges. Or, en opérant une telle distinction entre richesses et numéraire (ce que rend en partie en français la distinction entre argent et monnaie), c'est un tout autre rapport moral qui apparaît. Chez Platon, en effet, se confondaient en grande partie critique des richesses et critique du numéraire facilitant l'échange, celui-ci étant la condition de celles-là, sources de corruption morale pour qui les désire pour elles-mêmes. Avec Aristote, au contraire, la critique semble se fendre en deux : du côté du rapport aux richesses, on est encore dans un climat platonicien, c'est-à-dire dans une économie du don et de la séparation aristocratique entre castes ou classes ; mais, du côté du rapport au numéraire, on entre dans un climat davantage démocratique et égalitaire où se trouve réévalué tout ce que la critique platonicienne laissait dans l'ombre ou ne reconnaissait qu'en passant : le besoin, la communauté d'intérêts entre tous, l'échange, et du même coup le numéraire comme principe de commensurabilité entre les biens échangés : « Il ne saurait y avoir ni communauté d'intérêts sans échange, ni échange sans égalité, ni enfin égalité sans commensurabilité. » Car dans cette nouvelle perspective, l'enjeu n'est plus de concevoir un juste milieu dans son rapport au numéraire, mais de concevoir le numéraire lui-même comme un juste milieu permettant de fonder des rapports d'échange justes. Autrement dit, il ne s'agit plus de « juger » l'argent, il s'agit de comprendre comment l'argent-numéraire permet aux concitoyens de s'échanger des biens de telle sorte que chacun ait le sentiment de recevoir sa juste part. Comment procède Aristote ? Il commence par définir l'argent-numéraire comme « substitut du besoin », c'est-à-dire par le fonder *à la fois* en nature et comme convention : il y a quelque chose de naturel dans l'argent, c'est le besoin d'échanges qu'il exprime (et qui est indistinctement besoin des biens et besoin des autres en tant qu'ils produisent des biens que je ne peux produire), mais ce besoin ne s'exprime que conventionnellement, par une loi qui édicte ce que saint Thomas appellera le « juste prix » des choses, c'est-à-dire le rapport d'échange qui assure aux deux partenaires de pérenniser les conditions de leur existence. L'argent n'est donc pas nécessaire en nature (« que l'échange ait existé avant la création de la monnaie est une chose manifeste »), mais il est utile et n'est pas contre-nature en tant qu'il rend possible l'échange juste dans une société de « contractants différents mais inégaux et qu'il faut pourtant égaliser » (suivant une égalité proportionnelle) : « Ce n'est pas entre deux médecins qu'il y a communauté d'intérêts, mais entre un médecin par exemple et un cultivateur. » Mais comment s'opère une telle égalisation ? Comment des biens incommensurables en nature (une maison et des chaussures ou des lits) peuvent-ils devenir commensurables ? Marx louera Aristote d'avoir mis au jour cette énigme de l'échange, tout en soulignant son impuissance à la résoudre : le mystère de cette commensurabilité est le travail socialement nécessaire cristallisé en chaque marchandise. À l'opposé, la théorie néoclassique oubliera cette question de l'égalisation proportionnelle des termes de l'échange ou du juste prix, comme diront les scolastiques : l'utilité des biens n'étant plus fixée par le besoin mais par leur rareté, ce ne sera plus qu'au marché à fixer le prix de chaque bien, de manière purement relative. Et pourtant, la réponse d'Aristote mérite sans doute une tout autre considération, car selon lui ce ne sont en vérité ni le travail ni la rareté qui fixent le prix (Aristote dit « la mesure »), mais justement la convention commune, c'est-à-dire la politique. Castoriadis l'a clairement montré dans un texte remarquable [19] : ce qu'Aristote dit n'est pas qu'il y a égalité réelle dans l'échange, mais que le *nomos*, la loi, qui institue le *nomisma*, rend cet échange « suffisamment » égal pour que la société puisse fonctionner. Dans cette perspective, son vrai génie serait d'avoir pressenti ceci : le bon rapport avec l'argent n'est pas à chercher du côté de la morale individuelle, mais dans une articulation inédite entre l'économique et le politique.

Économie contre chrématistique. Enfin, Aristote distingue un troisième rapport avec l'argent : celui qui ne concerne, en tout cas directement, ni le don et la dépense ni le numéraire et la simple mesure juste, mais les moyens d'acquérir de l'argent en tant que richesse. Or là aussi intervient la question du juste milieu, mais sous une nouvelle forme. Il distingue en effet deux grands moyens d'acquisition (*khrématistikaï*). L'un est naturel, consiste dans la pêche, la chasse ou l'agriculture et, dans les sociétés plus complexes, fait partie de l'*oikonomia*, littéralement de la « loi de la maison » (*oikos nomos*), qu'on traduit généralement par « administration familiale » : c'est l'art d'assurer la vie heureuse de la maisonnée (comprenant les esclaves) en y apportant des biens. S'il est « naturel », au sens d'Aristote, cela veut dire qu'il connaît un « juste milieu » entre un excès et un défaut : laisser son patrimoine courir à la ruine ou accumuler plus que de raison. Mais il existe un autre art d'acquérir des richesses, la *khrématistiké* proprement dite, c'est-à-dire l'art d'acquérir des biens sous forme de numéraire indépendamment de toute fin naturelle. C'est notamment l'art du commerce pour le profit, et non simplement pour acquérir des biens dont on a besoin, et l'art de l'usure. En termes marxistes, on dirait : c'est le passage de la forme simple de l'échange où l'argent est simple intermédiaire (M1-A-M2 où M1 et M2 sont de simples biens différents) à sa forme capitaliste (A-M-A' où A'>A). Or un tel art est contre-nature et donc mauvais, pour deux raisons alléguées par Aristote : parce qu'il n'a pas de limites et parce qu'il se fait aux dépens d'autrui. Selon la première, il ne saurait donc connaître de « juste milieu » et perd celui qui s'y adonne dans une quête sans fin et sans bonheur. Selon la seconde, qui est plus politique, il conduit les familles et les cités à la ruine en brisant leur finalité intrinsèque qui est l'autarcie économique. En termes modernes, on pourrait dire : l'économie financière (et spéculative) ruine l'économie réelle. En bref, s'il y a encore un juste milieu dans la manière d'acquérir de l'argent, celui-ci n'est pensable qu'à condition de l'opposer radicalement à un autre art, pourtant apparemment très proche mais qui ne connaît pas de juste milieu : celui d'acquérir des richesses sans fin. Autrement dit, quant au profit, à la spéculation et à l'usure, on se retrouve à nouveau en climat platonicien : il n'y a plus à chercher une voie moyenne et cette « forme d'échange » est « blâmée à juste titre ». Autrement dit encore, il est naturel, c'est-à-dire bel et bon, pour Aristote qu'il y ait des riches et des pauvres ; en revanche, un système économique dans lequel la richesse des riches tend à devenir incommensurable à celle des pauvres est un très grand mal.

On pourrait alors résumer cette position morale qui apparaît paradoxalement à la fois comme la plus ultime ou complexe et comme la plus commune en tant que recherche d'un juste milieu polymorphe dont les multiples formes s'expliqueraient par les multiples rapports que l'on peut entretenir avec l'argent : en tant qu'on le dépense, en tant qu'on l'utilise simplement, et en tant qu'on l'acquiert. Dans le premier cas, le bon rapport serait une générosité réfléchie (modèle du don raisonnable), dans le second une vraie délibération collective quant à la vraie valeur de chaque chose (modèle de l'échange raisonnable), dans le troisième un souci quasi prérousseauiste pour la seule économie domestique et citoyenne (modèle de l'autarcie de la famille et de la cité). Force est alors de constater qu'on a considérablement progressé en clarté et en précision : Aristote permet d'en finir pour de bon avec les rengaines, critiques ou élogieuses, sur l'argent « en général ». Est-on pour autant convaincu ? Non, et pour deux raisons.

La première est extrêmement simple : à maints égards, Aristote ne trouve une solution à notre problème initial qu'à la condition de l'avoir posé d'avance comme résolu. Qui est en effet le libéral tel qu'il nous le décrit ? Certes, ce n'est pas nécessairement un homme très riche, mais c'est un homme qui a d'avance de l'argent, qu'il « détient plutôt par héritage que par gain », et qui a peu de besoins, qui peut donc l'utiliser à sa guise, qui en l'occurrence est raisonnable. C'est donc certainement un être aimable, mais enfin « il a de quoi », comme on dit, et ce ne saurait donc être en aucune manière un modèle commun : le vrai problème serait plutôt de se demander pourquoi tous les gens aisés ne se comportent pas en libéraux ou comment faire pour qu'il n'y ait que des gens aisés. De ce point de vue, ce n'est peut-être pas pour rien que sa description du libéral est tout de suite suivie par celles du « munificent », puis du « magnanime », qui sont des êtres qui n'ont presque plus aucun rapport avec l'argent tant ils sont grands et seulement soucieux de vérité et d'honneur. Car qu'est-ce à dire sinon que le meilleur rapport à l'argent est « d'en avoir assez pour pouvoir même le mépriser », comme disait Montesquieu ? En voulant être le plus moral possible, on rejoint ici les moralistes les plus cyniques. De même, dans les *Politiques* I, 9-10, quand est condamnée apparemment sans équivoque la chrématistique proprement dite, il est difficile de ne pas voir ressurgir mille équivoques cachées. D'abord le fait qu'Aristote a bien du mal à définir la « bonne » chrématistique. Chez les nomades, ce peut être la pêche et la chasse, mais s'y mêle en même temps le brigandage ; et dans les cités, c'est d'un côté l'agriculture et l'artisanat comme le « petit commerce », mais d'un autre, c'est plutôt seulement l'« intendance », puisque la vraie production revient aux esclaves. Et ensuite le fait que sa condamnation du commerce de profit et de l'usure a bien du mal à convaincre : quand la « bonne » chrématistique peut reposer sainement sur la propriété et l'héritage, une telle condamnation de la « mauvaise » a du mal à passer pour autre chose qu'un discours idéologique des riches installés contre les nouveaux riches, métèques ou étrangers. En bref, Aristote a sans doute parfaitement raison de définir le bon rapport avec l'argent comme un juste milieu multiple et différencié : c'est ainsi que peu ou prou nous procédons tous et c'est sans doute ainsi le seul moyen de procéder. Mais qu'il cherche à le déterminer plus précisément et celui-ci paraît introuvable, sauf à transmuer un discours moral et politique en pur discours idéologique : celui de ceux qui ont de l'argent contre celui de ceux qui aimeraient en acquérir.

La seconde raison qui empêche d'être convaincu par l'argumentaire moral d'Aristote est peut-être plus paradoxale : elle tient au fait que là où il est le plus intéressant, sur l'argent comme numéraire institué économiquement et politiquement, il cesse en vérité d'être moral pour se contenter de décrire les échanges interhumains. Certes, alors, une telle description est loin d'être tout à fait pertinente : il pense l'échange mais pas vraiment le marché et les marchandises ; il conçoit l'institution politique de la monnaie mais pas du tout cette institution si paradoxale du monde moderne, puisqu'à la fois publique et privée, qu'est la banque ; il a l'intuition de la pluralité des rapports avec l'argent (dépense, échange, acquisition) mais pas vraiment le fait qu'en économie développée, comme dit Marx, la consommation est directement circulation et la circulation directement production, c'est-à-dire que tous les rapports possibles avec l'argent, si patiemment distingués, finissent par se recoaguler. Certes, tout cela est vrai, mais l'enjeu n'est pas historique. Or, malgré toutes ces réserves, il n'empêche qu'on commence avec Aristote à comprendre un fait peut-être fondamental de l'argent : pour les riches comme pour les pauvres, il fonctionne toujours en pratique en deçà du bien et du mal, suivant des règles de juste mesure qui relèvent en vérité bien davantage de la justesse que de la justice. L'argent est un bien commun qui à la fois individualise et interdit toute prise individuelle satisfaisante. Dans cette perspective, ce à quoi obligent peut-être seulement les considérations morales d'Aristote, c'est de sortir de la morale pour entrer dans l'économie moderne et chercher à comprendre à quoi il sert.

Au final, on dira donc qu'il n'y a pas de bon rapport moral à l'argent, y compris celui de prétendre n'en pas avoir. On en a tous non seulement un mais plusieurs, et qui tournent tous cahin-caha autour de la recherche de justes milieux. Simplement, dès qu'on les cherche précisément, ils disparaissent. Dès lors, le plus sage est peut-être de cesser de vouloir « juger » l'argent du haut de sa position individuelle équivoque pour chercher plus positivement ce qu'il est, à quoi il sert et comment en user politiquement. Autrement dit, il faut peut-être taire la question de l'argent des philosophes, trop passionnelle, trop circulaire, pour laisser une place à celle de la monnaie des économistes.

Chapitre 2

Les théories aporétiques de la monnaie

« Il est un endroit où l'on cote ce que valent les rois, où l'on soupèse les peuples, où l'on juge de systèmes, [...] où les idées, les croyances sont chiffrées, où Dieu même emprunte et donne en garantie ses revenus d'âme, car le pape y a son compte courant. Si je peux trouver une âme à négocier, n'est-ce pas là ? »

Balzac, *Mélmoth réconcilié*

Si les différentes postures morales à l'égard de l'argent semblent toutes vouées à une insuffisance intrinsèque et peinent à nous aider à penser vraiment l'argent, alors il faut peut-être en revenir d'abord à ce qu'il est, se confronter à ses formes et à ses usages réels au lieu de ses hypothétiques *bonnes* formes et *bons* usages. Autrement dit, suspendre au moins pour un temps toute position morale de surplomb ou de fausse extériorité pour se contenter d'en saisir les mécanismes objectifs. Une sorte de spinozisme élémentaire : « ne pas railler, ne pas déplorer, ne pas maudire, seulement comprendre ». Comprendre ce qu'est l'argent, ce à quoi il sert, ce qu'il fait sans le dire, et ce qu'il n'est pas. Là repose peut-être la seule position tenable face à l'argent : connaître au lieu de juger.

C'est donc vers le champ de la science économique qu'il faut maintenant nous tourner. Et puisque toute science suppose une réduction, il faut commencer par réduire notre objet à ses déterminations les plus simples. Nous parlerons désormais de monnaie plutôt que d'argent, comme il est d'usage dans la littérature économique de langue française. Cette distinction n'est pas clairement fondée et n'existe pas en allemand ou en anglais (où l'on dit *Geld* et *money* pour signifier monnaie comme argent) mais a le mérite de réduire d'emblée notre objet car l'argent est plus que la monnaie, intégrant ses dimensions sociale, psychologique et même politique, dimensions que la monnaie des économistes a tendance à écarter, voire à nier.

Ce qu'est la monnaie

Qu'est-ce alors qu'une telle monnaie ? Chacun d'entre nous croit la connaître pour la simple raison qu'il l'utilise. On l'associe ainsi spontanément aux pièces et aux billets, voire aux chèques – alors que ceux-ci ne sont qu'un instrument de circulation de la monnaie –, mais l'essentiel de la monnaie est aujourd'hui constitué de chiffres inscrits dans les bilans des banques ; c'est la monnaie scripturale. Cette monnaie, écrite initialement dans les livres de comptes de banquiers génois et vénitiens dès le XIIIe siècle, aujourd'hui dans les bilans informatisés des banques, est immatérielle et c'est elle que les individus font circuler lorsqu'ils émettent un chèque, donnent un ordre de virement, paient une facture avec un TIP (titre interbancaire de paiement) ou plus couramment avec une carte de paiement. L'immatérialité de cette monnaie, qui représente par exemple aujourd'hui en France plus de 90 % des moyens de paiement, est difficile à se représenter, comme en témoigne le fait que les enfants considèrent spontanément les chèques et les cartes de crédit comme des outils magiques grâce auxquels on peut tout payer : « Si tu n'as plus d'argent, fais un chèque, maman ! » Même parmi les adultes, la nature de la monnaie n'est pas très claire : la référence à un métal précieux n'est jamais très éloignée lorsque l'on demande à quelqu'un de dire ce qu'est la monnaie. La raison en est que les économies capitalistes se sont développées en marginalisant la monnaie métallique et en développant la monnaie scripturale.

La fausse alternative métallique/immatérielle

La monnaie métallique est définie par un poids de métal : le franc germinal de 1800, par exemple, vaut 320 mg d'or à neuf dixièmes. L'usage de métaux, plus ou moins précieux – l'or, l'argent, le cuivre et leurs alliages –, pour battre monnaie est très ancien : il remonte au moins à 1700 av. J.-C., au point que cette association du métal à la monnaie laisse sans doute encore des traces dans nos imaginaires aujourd'hui, alors que notre monnaie n'est plus définie en référence à un quelconque métal. La monnaie métallique semble facile à penser : un métal, plutôt rare, aisé à transformer en pièces, auquel tous reconnaissent une valeur, est frappé (et même historiquement d'abord simplement pesé) pour devenir un instrument de paiement des échanges. Chaque vendeur de marchandises accepte de céder son bien en échange de pièces métalliques puisque celles-ci ont une valeur propre, à savoir la valeur du métal dans lequel elles sont faites. En ce sens, la monnaie métallique a de la valeur parce que l'or ou l'argent en ont, et la question même de son acceptation ne pose pas problème, sauf celui de vérifier la quantité effective de métal précieux qu'elle comporte.

La monnaie scripturale se distingue de la monnaie métallique de deux manières au moins. D'une part, comme elle n'est qu'une monnaie écrite, un chiffre sur un papier ou un écran d'ordinateur, elle n'a pas de valeur intrinsèque : elle ne vaut rien en soi. D'autre part, et surtout, contrairement à la monnaie métallique qui ne peut être émise qu'en fonction de la quantité de métal dont dispose l'économie considérée, cette monnaie peut, elle, être créée de manière infinie. Autrement dit, elle n'a ni valeur en soi ni limite quantitative.

Cependant, le passage de l'une à l'autre de ces formes monétaires ne semble pas avoir fait date : qui sait que la référence à l'or du système monétaire international a été définitivement abandonnée en 1976 ? que le franc, la livre britannique n'étaient plus définis par un poids d'or depuis 1944 ? et, au fond, comment concevoir l'unité du phénomène monétaire avec des formes si variées ? C'est peut-être parce que ces deux formes ne sont pas si antagoniques qu'il n'y paraît : la monnaie métallique n'a en effet jamais véritablement fonctionné comme une pure monnaie métallique. Pour le dire autrement, la monnaie métallique est déjà bien plus que du métal qui circule. Trois exemples en témoignent.

Premièrement, les monarques qui imposaient leurs monnaies de métal depuis l'Antiquité n'ont eu de cesse de modifier la quantité de métal qu'elles contenaient : en contrôlant l'hôtel des monnaies – où l'on pouvait faire frapper du métal en monnaie et inversement faire fondre des pièces de monnaie pour en récupérer le métal –, les souverains imposaient, au gré de leurs besoins financiers, de réduire la quantité de métal effectivement contenue dans les pièces sans changer leur valeur faciale, la valeur à laquelle elles devaient être admises par les agents. Cette technique leur permettait d'augmenter considérablement le *seigneuriage* (c'est-à-dire l'avantage financier pour l'émetteur de monnaie), soit, ni plus ni moins, de capter une partie de la richesse en circulation en jouant de leur monopole de définition de la monnaie. Cette pratique fort courante impliquait d'une part que la monnaie circulât sous une autorité supérieure qui la contrôle – en l'espèce le souverain –, d'autre part que son acceptation ne fût pas strictement liée à sa valeur intrinsèque mais bien plus à la croyance en celle-ci et à la force du monopole qui l'impose.

Deuxièmement, même au temps de la monnaie métallique, des formes de monnaie scripturale ou de crédit n'étaient pas absentes. Les tablettes d'argile d'Hammurabi, près de 1700 av. J.-C., ont ainsi été interprétées par les historiens de la monnaie comme des formes de reconnaissance de dette utilisées comme monnaie. Plus récente, la lettre de change, que les banquiers génois et vénitiens ont développée en Europe pour les transactions dans le commerce lointain, a beaucoup à voir avec nos monnaies modernes puisqu'elle servait à régler des transactions sans avoir recours matériellement aux pièces métalliques.

Troisièmement enfin, le développement de l'usage des billets de banque a été l'occasion de voir se détendre le lien entre le métal et la quantité de monnaie en circulation, même en régime d'étalon-or, le régime métallique par excellence. Si les billets de banque ne pouvaient *a priori* être émis par les banques qu'en fonction de la quantité absolue de métal qu'elles détenaient dans leurs coffres, puisque les billets étaient convertibles en métal, l'histoire du XIXe siècle montre nombre d'ambiguïtés. La Banque de France était ainsi autorisée à émettre plus de billets que ce que lui autorisait son stock d'or, mais en maintenant une proportion stricte ; la Banque d'Angleterre, quant à elle, qui ne disposait pas de cette marge de manœuvre selon la loi de 1844 [a], y était en fait périodiquement autorisée par les « *Bill of Pardon* » du Parlement britannique : lorsque le besoin de monnaie dépassait ce que les avoirs en or de la Banque permettaient, le Parlement dédouanait la Banque en l'autorisant par ordonnance à ne pas respecter les limites imposées par la loi. En tout état de cause, dans un système de monnaie métallique, les billets sont dits convertibles en or mais pas tous simultanément, ce qui signifie que la *croyance* en leur convertibilité est le ressort essentiel bien plus que leur convertibilité réelle.

De ces trois exemples, il ressort que les conditions d'émission de monnaie métallique n'ont jamais été complètement inféodées à la disponibilité du métal, et la monnaie scripturale ne ferait en ce sens que développer l'émancipation de la monnaie vis-à-vis de celui-ci. On peut même aller plus loin : si l'on suit la thèse avancée par Marie-Thérèse Boyer-Xambeu, Ghislain Deleplace et Lucien Gillard, qui se sont penchés sur les formes monétaires à la Renaissance, la nouveauté du XVe siècle n'est pas l'amplification de la circulation de la monnaie métallique sous l'effet des découvertes de métaux précieux en Amérique, mais le fait « que la monnaie devienne métallique à partir du dernier quart du siècle, après

---

a En 1844, le *Bank Charter Act* (appelé aussi *Peel's Act*) est voté. Il sépare la Banque d'Angleterre en deux départements distincts et même étanches : le département d'émission de monnaie et le département bancaire ; le premier n'est autorisé à émettre des billets que pour le montant correspondant à ses avoirs en or. Cette loi manifeste, après les débats monétaires qui ont agité l'Angleterre depuis le début du XIXe siècle, la victoire de la position du *Currency principle* (ou de la *Currency school*), selon laquelle la monnaie se réduit au métal précieux et son émission doit être strictement fondée sur la quantité d'or en réserve (alors que les tenants du *Banking principle* considéraient, eux, que la monnaie de crédit constituait de la monnaie à part entière).

avoir été abstraite[1] ». Autrement dit, le processus de dématérialisation de la monnaie serait tout sauf linéaire. Si l'on prend au sérieux cette affirmation, alors la forme exacte de la monnaie, métallique ou immatérielle, ne compte plus guère pour ce qui est de l'essence du phénomène monétaire. Car, dans les deux cas, la monnaie apparaît d'abord comme une *convention* : est monnaie ce qui est considéré comme telle, quelle que soit sa matérialité, sa valeur propre, sa forme[a]. On en veut pour preuve que les sociétés humaines à travers les âges et dans leur diversité ont fait montre d'une formidable inventivité dans les formes monétaires qu'elles ont utilisées : sel, peaux d'animaux, coquillages, morues séchées, bétail, etc., même s'il est vrai que ces monnaies « archaïques » avaient ou ont davantage une valeur cérémonielle, c'est-à-dire restreinte à des rituels particuliers, que proprement économique.

La monnaie comme convention, dette et créance

Si la monnaie est ainsi une convention bien davantage qu'une matière ou même une forme particulière, comment concevoir qu'il puisse à chaque instant se créer et se détruire de la monnaie ? En général, la force d'une convention (judiciaire, linguistique) est d'être posée une fois pour toutes et de ne plus varier. Dès lors, comment concevoir une convention comme la monnaie qui soit à la fois stable et mobile, les sommes de monnaie en circulation variant à chaque instant ? En particulier,

---

a John Kenneth Galbraith soutient ainsi : « Tous ceux qui ont écrit sur la monnaie ont en général établi une distinction entre trois sortes de monnaies. 1° Celle qui doit sa valeur, comme l'or ou l'argent, à quelque qualité inhérente qui en rend la possession désirable, que ce soit dans un but de prestige, de décoration personnelle, ou encore pour fabriquer de la vaisselle et des prothèses dentaires. 2° Celle qui peut facilement s'échanger contre un bien doté d'une telle qualité inhérente ou comporte la promesse [...] d'un tel échange à terme. Enfin, 3°, une monnaie dépourvue de toute valeur en elle-même [qui] ne comporte aucune promesse de rachat et n'est soutenue, dans le meilleur des cas, que par le geste autoritaire d'un État exigeant qu'elle soit acceptée. De fait, ces trois monnaies constituent des variations sur un seul et même thème », *in* John Kenneth Galbraith, *L'Argent*, Gallimard, coll. « Folio », Paris, 1994, p. 100. Galbraith défend alors que la seule caractéristique qui compte, quelle que soit la forme de monnaie, est sa relative rareté.

puisqu'elle prend aujourd'hui essentiellement une forme scripturale, qui peut « écrire la monnaie » ? Le processus de création ou d'émission de monnaie a longtemps été le fait du Prince ; c'était une convention économique mais dont le caractère conventionnel ne tenait qu'à l'expression d'une convention politique plus profonde : le droit régalien de battre monnaie. D'où le fait que le faux monnayage soit encore aujourd'hui en France passible des Assises : c'est un crime contre la puissance publique.

Avec le développement du capitalisme, le problème semble beaucoup plus complexe, puisque l'essentiel de la création monétaire est dévolu aux banques. Celles-ci créent de la monnaie dans plusieurs circonstances : distribution de crédit, prêt à l'État et conversion de devises, lorsqu'elles acquièrent une créance d'un agent auquel elles remettent de la monnaie en échange. Le cas le plus courant de création monétaire est l'octroi d'un crédit. Quand une banque accorde un prêt à un agent, ménage ou entreprise, elle met à sa disposition un montant de monnaie sous forme scripturale – elle crédite son compte de 10 000 euros par exemple –, mais simultanément elle acquiert une créance sur lui : puisque le ménage ou l'entreprise reconnaît qu'il ou elle a une dette à son égard, la banque a, elle, une créance de 10 000 euros sur cet agent. Cette créance vient augmenter l'actif de la banque, tandis que la monnaie qu'elle fournit à l'agent apparaît à son passif : l'augmentation simultanée et de même montant de son actif et de son passif manifeste la création monétaire. La banque a mis en circulation 10 000 euros de plus dans l'économie, mais pour une durée limitée, le temps que l'agent considéré les lui rembourse. Ainsi, toute création monétaire comporte son symétrique, la destruction de monnaie : lorsque l'agent rembourse les 10 000 euros à la banque, l'actif et le passif de celle-ci diminuent du même montant ; l'opération a détruit de la monnaie car 10 000 euros de moins circulent dans l'économie. Au total, la monnaie est bien un stock – la quantité de monnaie qui circule dans l'économie à un instant t – continuellement augmenté par les opérations de création monétaire et diminué par les opérations de destruction monétaire, donc un stock traversé en permanence de flux de sens contraires. Si les opérations de création monétaire excèdent celles de destruction, la quantité de monnaie en circulation dans l'économie augmente, dans le cas inverse, elle diminue.

Une fois ceci posé, un petit aparté s'impose : si la très grande majorité des économistes s'accordent sur le processus de création monétaire que nous venons de présenter, quelques penseurs le récusent tout comme ils récusent la définition habituelle de la monnaie : ainsi, pour Paul Jorion, une des erreurs essentielles consiste à confondre la monnaie – qu'il réduit aux pièces et billets – et les dépôts à vue, c'est-à-dire la monnaie scripturale. En effet, Jorion s'oppose à l'idée que les banques créent de la monnaie *ex nihilo* justement parce que la monnaie scripturale n'en est pas selon lui, elle n'est qu'une promesse de monnaie : « Pour moi [...] si la reconnaissance de dette dispose d'une capacité à se transformer en argent, il s'agit avec l'argent et avec la reconnaissance de dette de deux entités entièrement distinctes, et parler d'elles indifféremment comme de deux formes de la *monnaie* me semble une grave erreur [2]. » Une telle position a certes le mérite de chercher à distinguer clairement monnaie et marchandise, troc et paiement, mais elle ne nous convainc pas pour autant. D'abord parce que la confiance que requiert la monnaie matérialisée par des pièces de métal ou du papier n'est pas d'une nature différente de celle requise par la monnaie scripturale. En dissociant les deux, Jorion laisse entendre à la fois qu'il y aurait une « vraie monnaie », celle qui est matérielle – et que l'on confondrait communément avec la monnaie bancaire –, et que la capacité de création monétaire n'est qu'aux mains de la banque centrale. Autrement dit, partant d'une vérité – la banque centrale a bien un statut à part dans la création monétaire en tant qu'elle est en charge de la réguler et d'imposer sa régulation à toutes les banques –, il dérive vers une conception restrictive de la monnaie. D'ailleurs, les pièces et les billets admettent les mêmes émetteurs que la monnaie scripturale : les banques. Si la proposition de Jorion vise indéniablement à dénoncer l'abus de pouvoir qu'exercent les banques sur l'argent des agents non bancaires, la redéfinition de la monnaie à laquelle il aboutit paraît finalement triplement insatisfaisante : d'abord, elle « surmatérialise » la monnaie, à l'inverse de l'abstraction que celle-ci semble avoir constituée – y compris dans ses formes les plus anciennes –, ensuite elle distingue deux types d'institutions qui, historiquement et originellement, ne l'étaient pas – banques centrale et de second rang –, enfin, elle laisse accroire que c'est principalement la création de monnaie qui est en jeu, alors que sa circulation et ses usages nous paraissent bien plus déterminants. Plus encore, comme il le dit lui-même, une telle approche, qu'il qualifie de « béhavioriste », fait « l'impasse sur les représentations que les acteurs se font des processus où ils sont impliqués. Elle ignore par conséquent [...] des notions comme "confiance" ou "promesse" [3] » ; or nous défendons l'inverse : la nécessité de prendre en compte les représentations des agents et la pertinence de la notion de confiance, comme nous le verrons plus loin.

Dès lors, ce processus de création monétaire ou d'autonomisation de la convention monétaire à l'endroit des conventions politiques suscite deux interrogations. D'un côté, comment les banques peuvent-elles avoir un tel privilège de créer de la monnaie *ex nihilo* ? De l'autre, de quelle nature est alors la monnaie de crédit ainsi créée ?

La première interrogation porte sur la position pour le moins étrange des banques : ont-elles un pouvoir magique ? L'État n'a-t-il donc aucun contrôle de la monnaie ? Ni l'un ni l'autre. Les banques ont certes le pouvoir de prêter ce qu'elles n'ont pas, mais sous des contraintes réglementaires : elles doivent respecter une proportion entre les fonds qu'elles possèdent et les crédits qu'elles accordent. De plus, les banques qui reçoivent des dépôts utilisent une partie de ces dépôts à court terme pour faire des prêts à long terme, c'est ce que l'on nomme communément la transformation financière. Les banques sont donc des agents très particuliers : elles sont habilitées à conserver les avoirs monétaires des agents économiques (les dépôts), mais aussi à leur fournir de la monnaie en fonction de ces dépôts, y compris en créant de la monnaie. Quant à l'État, il reste le garant de la monnaie à la fois parce qu'il est celui qui édicte les législations s'imposant aux banques, parce qu'il est celui qui imprime sa marque sur la monnaie fiduciaire (pièces et billets) et parce qu'il mène lui-même, ou confie à la Banque centrale de mener, la politique monétaire qui régule la création de monnaie. Nous verrons néanmoins plus loin en quoi ce rôle de l'État est en fait bien plus large et ne se réduit pas à la supervision des banques.

La seconde interrogation est quant à elle essentielle : si la monnaie est principalement immatérielle, si elle n'a aucune valeur intrinsèque et si elle peut être en permanence créée et détruite au gré des crédits bancaires et des remboursements, alors de quelle nature est-elle ? Le processus de création monétaire nous fournit une réponse ambivalente : parce qu'elle est inscrite au passif des banques, la monnaie est une dette, plus précisément une dette du système bancaire. En effet, la monnaie scripturale est une dette des banques de second rang (les banques commerciales et mutualistes) : les dépôts des agents apparaissent au passif du bilan de ces banques puisqu'elles doivent à tout moment être capables de rendre aux agents la monnaie qu'ils leur ont confiée. Les billets apparaissent, eux, comme une dette de la Banque centrale, la banque des banques [a]. Mais, simultanément, la monnaie constitue une créance pour l'individu qui la détient : si j'ai en main cent euros, cela signifie que je peux acquérir pour cent euros de biens et services dans la zone euro où cette monnaie a cours légal. Autrement dit, j'ai une créance de cent euros sur l'économie de la zone euro. Ainsi, la monnaie moderne est à la fois une dette et une créance : les banques ont cette spécificité de pouvoir monétiser les créances, c'est-à-dire de transformer en monnaie une créance sur un ménage ou une entreprise, sur un État ou sur une économie étrangère. En d'autres termes, la monnaie scripturale, qui est une dette des banques, circule parmi les agents économiques non bancaires et leur sert de moyen de paiement. La monnaie est donc une convention duplice, mi-créance, mi-dette. Cette duplicité ne va pas sans poser de nouvelles questions.

---

a Ce monopole lui a été reconnu lors de la hiérarchisation du système bancaire au cours du XIXe siècle dans la plupart des pays industrialisés : il est le fruit d'une décision politique et ne va pas de soi, comme en témoigne l'histoire monétaire américaine au XIXe siècle. *Cf.* John Kenneth GALBRAITH, *L'Argent, op. cit.*

Le paradoxe des grandeurs liquides ou le flou de la monnaie

Il faut revenir d'abord sur le caractère créancier car c'est lui qui est manifeste dans notre expérience de la monnaie : en détenir, c'est posséder un pouvoir d'achat. C'est d'ailleurs ainsi que la banque centrale mesure la quantité de monnaie en circulation dans l'économie, ce qu'on nomme la masse monétaire : comme pouvoir d'achat rapidement mobilisable par les agents économiques. Elle utilise à cet effet trois agrégats, trois grandeurs. M1 comptabilise la somme des moyens de paiement dans l'économie : pièces, billets et dépôts à vue (dénomination de la monnaie scripturale des agents non financiers). Pour saisir dans un sens plus large la masse monétaire, elle ajoute à M1 des dépôts liquides, comme le Livret de développement durable ou le Livret jeune, formant ainsi M2. Cette seconde mesure de la quantité de monnaie en circulation considère que ces dépôts, qui ne sont pas des moyens de paiement, sont néanmoins très vite transformables en monnaie (ils sont très liquides) et peuvent donc être inclus dans une mesure de la monnaie dans un sens plus large. La liquidité est la propriété d'un actif qui est transformable rapidement en monnaie, sans coût et sans perte en capital ; si l'on parle de la liquidité d'une marchandise ou, mieux, d'un actif financier, cela désigne sa capacité à trouver acquéreur dans des conditions favorables, c'est-à-dire sans perte, sans commissions excessives et sans délai. Par définition, la monnaie est la liquidité par excellence et les marchandises, les titres financiers ont une liquidité variable : certains sont plus liquides que d'autres. Par exemple, une action cotée est plus liquide qu'un appartement parce qu'il existe une Bourse des valeurs où l'on peut vendre très facilement et très rapidement cette action alors qu'il faudra plus de temps pour vendre un appartement. Dès lors, mesurer la quantité de monnaie en circulation dans l'économie au sens large implique de prendre en compte les actifs financiers les plus liquides, ceux-là mêmes qui peuvent très facilement trouver acheteur de sorte que celui qui les détient les considère comme une réserve de pouvoir d'achat facilement mobilisable. L'agrégat monétaire M3 enregistre ainsi des titres du marché monétaire – le marché des capitaux de court terme – et des titres d'OPCVM (organismes de placement collectif en valeurs mobilières) court terme au nom de leur liquidité. C'est cet agrégat que la Banque centrale européenne surveille pour connaître l'évolution de la quantité de monnaie dans la zone euro.

Or la globalisation financière depuis le milieu des années 1980 s'est accompagnée de l'essor de nouveaux marchés mais aussi de nouveaux titres financiers : l'ingénierie financière n'a eu de cesse de concevoir des produits financiers particulièrement liquides. Plus encore, depuis le milieu des années 1990, on a vu de nouveaux intervenants comme les *hedge funds* (des fonds d'investissement spéculatifs qui cherchent une rentabilité élevée en prenant des risques) participer à l'élévation du degré de liquidité des différents produits financiers puisqu'ils sont *a priori* acheteurs de ce qui peut rebuter d'autres investisseurs. Au total, si bon nombre d'actifs financiers sont bien devenus – jusqu'au déclenchement de la crise à l'été 2007 du moins – plus liquides, cela implique que la mesure de la masse monétaire grâce aux agrégats monétaires présentés ci-dessus est en partie inappropriée : pourquoi inclure dans la mesure de la masse monétaire M3 seulement les titres d'OPCVM monétaires et pas d'autres titres tout aussi liquides ? Mais surtout, plus fondamentalement, cela signifie que la frontière entre la monnaie et les actifs financiers liquides est de plus en plus ténue, pour ne pas dire indécidable. En somme, le développement exponentiel de la titrisation et la multiplication des produits financiers – notamment les produits dits « structurés » qui ont été au cœur de la crise financière de 2007 – ont eu pour conséquence, notamment de 2001 à 2007, de rendre plus insaisissable la monnaie puisque de plus en plus d'actifs financiers étaient considérés comme très liquides. On pourrait appeler cela le « paradoxe des grandeurs liquides » : une grandeur suppose une mesure, mais comment mesurer des masses liquides quand les rives permettant de les circonscrire tendent elles-mêmes à devenir liquides ?

Il en résulte, d'une part, que la nature de la monnaie paraît *floue* dans un système économique où les agents croient que les actifs financiers les plus sophistiqués sont aussi liquides que la monnaie, comme cela a été le cas dans la première décennie du

XXIe siècle ; et, d'autre part, que l'on ne sait plus si la liquidité est une propriété intrinsèque de la monnaie. Pourtant, Keynes a insisté sur cette propriété : elle lui permet d'expliquer pourquoi les agents économiques souhaitent détenir de la monnaie. Considérant que la monnaie est *la* liquidité, il fait l'hypothèse que les agents ont une « préférence pour la liquidité ». En effet, dans un monde d'incertitude radicale – c'est-à-dire où l'avenir n'est pas probabilisable –, la détention de monnaie permet de calmer l'incertitude puisqu'elle offre une liquidité maximale. Comme elle peut être échangée contre n'importe quel actif à tout moment sans coût, elle permet aux agents économiques de se prémunir contre le chaos qui les ronge lorsqu'ils prennent la mesure de l'incertitude dans laquelle ils vivent ; on oserait presque dire qu'elle les « rassure ». Mais cette liquidité est aussi à double tranchant : si les agents ne veulent plus détenir que de la monnaie, s'ils sont méfiants à l'égard de tous les autres actifs, le système économique s'enraye. La « trappe à liquidité », comme l'avait surnommée Robertson, survient lorsque les individus ne veulent plus que de la monnaie, lorsque leur demande de monnaie est infinie ; une telle situation se produit lorsque le taux d'intérêt est tellement bas que tous les agents anticipent qu'il va réaugmenter et la politique monétaire devient alors impuissante à relancer l'activité économique et principalement les investissements. La liquidité n'est au fond qu'une croyance qui, si elle se répand de manière outrancière, produit une bulle spéculative. C'est ce qui s'est produit entre 2001 et 2007, lorsque les investisseurs du monde entier – au premier rang desquels les banques elles-mêmes – se sont mis à croire en la liquidité de leurs produits structurés de manière extravagante. Cette foi en la liquidité a eu pour effet de nourrir une bulle spéculative d'une ampleur inédite qui était appelée à éclater le jour où la liquidité de ces titres se révélerait plus faible que prévu, c'est-à-dire lorsque les acheteurs de tels titres viendraient à manquer. C'est bien ce qui s'est produit à la fois lorsque Bear Stearn a essayé de boucler son fonds en juin 2007 et quand BNP-Paribas en août suivant a annoncé le gel de deux de ses fonds d'investissement.

De ces épisodes, on peut conclure que la liquidité qui a longtemps été une propriété de la monnaie s'est considérablement étendue avec l'expansion financière des vingt dernières années, au point que la spécificité de la monnaie semble avoir volé en éclats. Est-ce à dire que l'on ne sait plus ce qui est monnaie et ce qui ne l'est pas ? Au cœur de la bulle, c'est peut-être bien ce qui s'est produit ; pour autant, son éclatement a renvoyé les titres à leur juste place de promesses qui, en période de crise, ne peuvent combler le manque de monnaie ou, pour le dire autrement, l'irréfragable nécessité de disposer de monnaie.

Ce à quoi sert la monnaie : *Money is what money does*

À l'issue de ce premier tour d'horizon de ce qu'est la monnaie d'un point de vue économique, nous ne sommes pas vraiment sortis d'affaire : elle apparaît comme une convention, sans être vraiment définie d'un point de vue économique. Son essence ne tient pas à la valeur intrinsèque de son support, puisqu'elle est aujourd'hui essentiellement dématérialisée. Elle est de manière ambivalente à la fois une créance et une dette. Et si elle a une propriété intrinsèque, la liquidité, celle-ci ne la distingue plus suffisamment d'autres actifs, du moins dans un système capitaliste dominé par la finance. De cette première définition incertaine, peut-être faut-il tirer matière à analyser nos comportements avec la monnaie, d'abord en nous posant la question de ce à quoi elle sert.

Sur ce plan, la théorie économique n'est pas silencieuse, même si, comme nous allons le voir, elle n'éteint pas pour autant le doute. Face à la difficulté de définir la monnaie, la théorie économique, digne héritière d'Aristote, préfère énoncer ses fonctions. Elles sont au nombre de trois : unité de compte, intermédiaire des échanges et réserve de valeur.

La monnaie comme instrument

Dire que la monnaie sert d'unité de compte signifie qu'elle est ce en quoi s'exprime le prix de tous les autres actifs de l'économie : le prix du pain, d'un bâtiment, d'une obligation ou d'une coupe de cheveux est exprimé en monnaie. Cette fonction d'unité de compte est essentielle puisqu'elle permet de réduire le nombre de prix dans une économie : s'il n'y avait pas d'unité de compte dans une économie à n biens, il faudrait définir n(n-1)/2 prix, ces prix étant des prix relatifs : le prix d'une obligation exprimé en pain, le prix d'une coupe de cheveux en pain, mais aussi le prix d'un bâtiment en obligation, etc., alors que s'il existe une unité de compte, il n'y aura plus que (n-1) prix, le prix de chaque bien exprimé en monnaie, sachant que par convention le prix de l'unité de compte est 1. Autrement dit, la monnaie en tant qu'unité de compte simplifie l'expression des prix et exprime la commensurabilité des actifs. « Exprime » ne signifie pas qu'elle en est la condition, nous verrons plus loin que la théorie économique considère au contraire le plus souvent que la valeur des actifs n'a rien à voir avec la monnaie, mais que celle-ci ne fait que lui donner une forme prix. La monnaie en tant qu'unité de compte exprime la commensurabilité d'actifs hétérogènes (un bien matériel, un service, un actif financier) et permet d'établir des rapports d'équivalence : une coupe de cheveux vaut vingt-cinq fois plus qu'une baguette de pain. Cette fonction d'unité de compte communément appelée aussi étalon de valeur (même si les deux dénominations sont économiquement considérées comme équivalentes, nous verrons plus loin en quoi la seconde témoigne d'une conception particulière et pour le moins discutable des marchandises) renvoie en partie au concept d'équivalent général chez Marx – comme il le souligne dans la forme dite générale de la valeur [4] :

$$\left.\begin{array}{l}\text{x marchandise A}\\ \text{y marchandise B}\\ \text{z marchandise C}\end{array}\right\} = \text{w marchandise D}$$

La marchandise D sert ainsi d'équivalent général au sens où la valeur de chaque marchandise se traduit par une certaine quantité de D. C'est la monnaie qui sert à exprimer les prix de tous les autres biens de l'économie.

Elle a pour seconde fonction d'être un intermédiaire des échanges, c'est-à-dire un moyen de paiement : elle est offerte par l'acheteur et reçue par le vendeur en échange de n'importe quel bien, seule variant la quantité de monnaie échangée. Du coup, l'échange n'est plus le troc d'un bien contre un autre, si jamais une telle situation a jamais existé, mais un acte d'achat pour l'un des protagonistes et de vente pour l'autre. En assurant cette fonction, la monnaie permet de surmonter le problème dit de la « double coïncidence des besoins » (ou des « désirs ») qui se pose dans une économie de troc : si je veux vendre du pain mais que je souhaite acheter des obligations, dans un système de troc il me faut trouver un partenaire d'échange qui non seulement veuille acheter du pain mais ait aussi des obligations à vendre. Cette nécessaire double coïncidence des besoins dans le troc réduit les possibilités d'échange et implique en outre des coûts de transaction alourdis, entre autres les coûts de recherche d'un partenaire d'échange adéquat. La monnaie en tant que moyen de paiement général, contrepartie de tout actif dans une transaction, facilite donc les échanges. Certes, toutes sortes de marchandises peuvent servir de moyen de paiement pour autant que les protagonistes de l'échange s'entendent, mais la monnaie a ceci de particulier qu'elle a cours légal : elle ne peut être refusée en paiement d'une dette dans un espace économique donné. Par exemple, si la transaction se déroule dans la zone euro, je peux accepter de vendre mon bien contre des dollars, si le cœur m'en dit, mais je ne peux refuser qu'il me soit payé en euros. Cette fonction de moyen de paiement fait que la monnaie intervient dans tout échange ; l'échange marchand est un échange contre monnaie.

La troisième fonction de la monnaie, celle qui est la plus sujette à débat d'un point de vue économique, est celle de réserve de valeur : la monnaie permet de conserver un pouvoir d'achat au cours du temps : lorsque je détiens cent euros, je peux décider de les conserver pour utiliser leur pouvoir d'achat plus tard. La monnaie offre donc la possibilité d'arbitrages entre présent et futur : « L'importance essentielle de la monnaie vient de ce qu'elle est un lien entre le présent et le futur », comme le dit Keynes, et laisse percevoir la dimension intertemporelle des choix des individus : consommer aujourd'hui ou demain ? acheter des titres ou garder de la monnaie pour l'avenir ? En ce sens, la monnaie permet de faire face à des dépenses imprévues. Pour autant, cette fonction de réserve de valeur ne va pas sans poser problème. Si, pour Keynes, elle se justifie *in fine* par la préférence des agents pour la liquidité, d'un point de vue néoclassique elle n'existe pas vraiment : puisqu'au fur et à mesure du temps la monnaie se dévalorise, perd de son pouvoir d'achat au gré de l'augmentation du niveau général des prix, elle est une bien piètre réserve de valeur. Pire, de nombreux actifs qui produisent une rémunération au cours du temps conservent mieux le pouvoir d'achat que la monnaie. Cette opposition soulève au fond la question de savoir pourquoi des agents rationnels souhaiteraient détenir de la monnaie qui ne rapporte rien, et même qui ne vaut rien en soi, plutôt qu'un bien ou un titre financier qui ne se dévalorise pas – du moins pas systématiquement.

Finalement, face à cette approche fonctionnaliste de la monnaie, le doute n'a pas disparu : a-t-on vraiment saisi ce qu'elle est ? Rien n'est moins sûr. D'abord parce que chaque fonction peut être remplie par des instruments différents : on vient de souligner le fait qu'en tant que réserve de valeur, la monnaie est sérieusement concurrencée par bien d'autres actifs, mais l'histoire économique montre aussi la profusion des moyens de paiement employés par les sociétés humaines. Plus encore, la dissociation de ces fonctions n'est pas si rare : l'unité de compte n'est pas forcément le moyen de paiement, comme en témoigne la livre tournoi de l'Ancien Régime, pure unité de compte au moment où les transactions sont réglées en différentes monnaies métalliques, battues en France mais aussi dans les pays limitrophes. À travers cette présentation de la monnaie par ses fonctions s'opère en quelque sorte une diffraction du phénomène monétaire, et son unité semble plus insaisissable que jamais. En ce sens, on peut dire que la version fonctionnaliste de la monnaie évacue finalement la question de la nature de la monnaie, et ce n'est sans doute pas par hasard. Car elle contribue à ne voir dans la monnaie qu'un instrument, un lubrifiant des échanges qui les facilite mais vient en quelque sorte seulement conforter la logique marchande sans en être une condition *sine qua non*. C'est en ce sens que Jean-Michel Servet défend l'idée d'une « fable du troc [5] » : l'échange marchand est pensé comme un troc amélioré, simplifié, manière de refouler la question de savoir ce qu'est la monnaie pour celui qui l'utilise. Si l'échange monétaire n'est qu'un troc amélioré, le motif de l'utilisation de la monnaie est secondaire par rapport au motif de l'échange : acquérir des biens et des services. C'est bien ce que défend l'économie classique et néoclassique quand elle reconnaît la validité de la loi de Jean-Baptiste Say – « un produit déterminé offre, dès cet instant, un débouché à d'autres produits pour tout le montant de sa valeur » – et son corollaire – « les produits s'échangent contre des produits ». En d'autres termes, l'approche fonctionnaliste de la monnaie donne une réponse tronquée à la question de savoir ce qu'est la monnaie : elle conforte sa nature instrumentale en reniant ses autres dimensions, et finalement évacue la question de ce qu'elle est.

Neutralité ou activité de la monnaie

Poser la monnaie comme instrument, c'est se retrouver en vérité devant une palette d'instruments dont l'unité des fonctions est plus que jamais problématique. C'est pourquoi le débat économique a moins porté en vérité sur la nature exacte de cet instrument que sur ses effets possiblement déséquilibrants. Pour simplifier, on peut dire que la théorie économique s'est développée au XIXe siècle en tenant pour acquis que la monnaie n'est pas déterminante pour l'activité économique. À l'inverse, Keynes a défendu l'idée d'une monnaie active, c'est-à-dire d'une monnaie qui ne saurait se réduire, même idéalement, à une neutralité instrumentale. Les grandes lignes de cette opposition théorique méritent d'être considérées parce qu'elles nous éclairent en creux sur le caractère pour ainsi dire inachevé ou partiel, et même partial, de la théorie économique de la monnaie.

À la question : « Quel effet la monnaie a-t-elle sur l'activité économique ? », la théorie économique a répondu qu'à long terme il n'y en a pas, ce qui peut apparaître déjà comme un consensus pour le moins curieux, dès lors que l'on a bien du mal à envisager une économie en croissance sans monnaie. Mais il y a mieux, la théorie économique s'est divisée sur ses possibles conséquences à court terme.

D'un côté, la thèse de la neutralité de la monnaie soutient que celle-ci n'a aucun impact sur les grandeurs qui sont déterminantes du point de vue économique, à savoir les prix relatifs, les variables dites réelles (les grandeurs exprimées en pouvoir d'achat, donc déflatées). Cette approche a longtemps reposé sur l'idée d'une dichotomie entre sphère réelle et sphère monétaire : les phénomènes monétaires n'influent pas sur les phénomènes réels. La monnaie est considérée comme un « voile » à la fois parce qu'elle ne fait que se superposer aux phénomènes réels sans les modifier et parce qu'elle les rend plus opaques alors même qu'ils sont le noyau dur, la vérité des rapports économiques. Pour les économistes classiques et néoclassiques, la valeur des marchandises se donne à voir à quiconque sous forme monétaire, mais en vérité elle repose dans la quantité de travail que ces marchandises ont nécessitée ou dans leur utilité intrinsèque. Même pour Marx, et en ce sens c'est encore un classique, la forme monétaire des marchandises – le fait qu'elles se ramènent à un prix exprimé en monnaie – masque l'exploitation qui est au cœur de leur production. En somme, pour toutes ces approches la monnaie ne dit jamais la vérité de la marchandise. La théorie quantitative de la monnaie parachève cette conception[a] : en faisant l'hypothèse que le nombre de transactions dans une économie n'est en rien influencé par la quantité de monnaie en circulation, elle énonce que celle-ci ne peut, lorsqu'elle varie, qu'induire une modification dans les mêmes proportions du seul niveau général des prix. Plus clairement, la masse monétaire ne détermine que le montant des variables nominales, des grandeurs exprimées en monnaie, mais pas leurs rapports : le prix en euros d'une voiture et celui d'une baguette de pain, mais pas le nombre de baguettes de pain qu'il faut pour acquérir une voiture. En ce sens, la monnaie ne participe aucunement à la détermination des rapports d'échange, des

a Irving Fisher en 1911 en a donné la formulation la plus connue avec son équation des échanges MV = PT dans *The Purchasing Power of Money. Its Determination and Relation to Credit Interest and Crises*, Cosimo, 2006 (1912) : M désigne la masse monétaire, P le niveau général des prix, V la vitesse de circulation de la monnaie et T le volume des transactions. En considérant que T est indépendant de M – et c'est bien là le coup de force de la théorie quantitative –, et sachant que V est déterminée par les habitudes de paiement des agents, toute augmentation de M ne produira qu'une augmentation dans les mêmes proportions de P.

prix relatifs, tout au plus peut-elle, lorsqu'elle devient plus abondante, produire une augmentation de tous les prix, de toutes les grandeurs nominales de la même manière. Au fond, elle ne détermine que le niveau général des prix, qui est finalement mineur si l'essentiel tient aux prix relatifs et si les agents ne sont pas soumis à l'« illusion monétaire » (c'est-à-dire s'ils ne raisonnent pas à partir de grandeurs monétaires mais à partir des prix relatifs).

Néanmoins, les meilleurs défenseurs de la neutralité de la monnaie – Don Patinkin et Milton Friedman – sont paradoxalement ceux qui remettent en cause l'idée de dichotomie, c'est-à-dire l'hypothèse d'un univers économique fractionné en deux espaces étanches, celui des grandeurs monétaires et celui des grandeurs réelles. Pour le premier, une surabondance de monnaie conduit les agents à considérer qu'ils détiennent des encaisses réelles trop élevées, c'est-à-dire un pouvoir d'achat sous forme monétaire supérieur à ce qu'ils ont l'habitude d'avoir et à ce qu'ils désirent [6]. Dès lors, pour réduire ces encaisses réelles et les ramener au niveau souhaité, ils vont augmenter leurs demandes de biens et services (ce qui revient à chercher à dépenser ce pouvoir d'achat supplémentaire) : l'offre de biens et services n'ayant pas été modifiée, une demande accrue produit l'augmentation de leur prix. Finalement, l'augmentation de la quantité de monnaie n'aura produit qu'une augmentation des prix de manière proportionnelle, mais temporairement les comportements d'achat des agents auront été modifiés. Il n'y a donc plus de frontière intangible entre sphère réelle et sphère monétaire, mais la monnaie reste neutre. En revanche, pour Friedman la monnaie n'est pas totalement neutre à court terme [7] : si la masse monétaire augmente, les agents économiques peuvent croire en voyant leurs salaires nominaux croître que leur pouvoir d'achat a fait de même ; un laps de temps est nécessaire [a] avant qu'ils ne comprennent que l'augmentation de la quantité de monnaie n'a fait qu'augmenter tous les prix dans les mêmes proportions. C'est la raison pour laquelle il faut selon lui *neutraliser* la monnaie,

a Parce que Friedman fait l'hypothèse que les agents forment des anticipations adaptatives.

c'est-à-dire éviter ce temps d'adaptation en régulant strictement la quantité de monnaie dans l'économie. Bref, éviter que des variations subites de la masse monétaire ne viennent obscurcir les choix individuels. Le seul enjeu est donc que la monnaie soit suffisamment disponible pour que les transactions d'une économie à un instant donné puissent être réalisées sans difficulté, mais qu'elle ne vienne pas troubler les calculs individuels. À défaut d'être vraiment passive, la monnaie doit être neutralisée, sous peine de fausser les choix des agents et d'introduire une instabilité inutile. Dans cette perspective, la monnaie est un instrument, mais un instrument qui suscite une certaine méfiance dans la mesure où il porte en germe le risque d'être trop abondant et de nuire à l'activité économique par l'inflation qu'il cause.

De l'autre côté, l'approche hétérodoxe de la monnaie, qui prend appui sur les travaux de Keynes [8] et sur ses intuitions, soutient au contraire que la monnaie est bel et bien active dans l'économie, c'est-à-dire qu'elle participe pleinement à la détermination du niveau d'activité économique parce que celui-ci n'est pas indifférent à la plus ou moins grande disponibilité de la monnaie dans l'économie. Pour Keynes, en effet, la confrontation de la demande de monnaie des agents économiques et de l'offre de monnaie du système bancaire sur le marché de la monnaie détermine le taux d'intérêt, qu'il considère non pas comme le prix des fonds prêtables mais comme le prix de la renonciation à la liquidité. Le taux d'intérêt est ainsi la variable qui permet l'intégration des sphères réelle et monétaire : il est le prix de la renonciation à la monnaie mais aussi un déterminant de la décision d'investir et donc du niveau d'activité économique (puisque celui-ci dépend fortement de l'investissement qui est la dépense la plus fluctuante). Autrement dit, parce que la quantité de monnaie demandée et offerte dans l'économie influence la décision d'investir par le truchement du taux d'intérêt, il n'y a plus de dichotomie, et plus de neutralité non plus. En tant qu'elle permet de financer l'investissement, la création de monnaie est un des déterminants du niveau de production et donc de croissance.

De plus, pour Keynes, les agents économiques ne raisonnent pas en termes réels mais à partir des grandeurs monétaires nominales : ils sont ainsi soumis à l'illusion monétaire au sens où ils établissent leurs calculs à partir des montants exprimés en argent, d'autant qu'ils ne savent pas exactement quel est le taux d'inflation, ni comment l'augmentation des prix touche les différents biens et services. Cette attention portée aux grandeurs nominales et non réelles a le mérite de souligner le fait que la monnaie est l'opérateur par lequel *les agents accèdent au calcul économique* ; on peut y voir une reconnaissance du fait que la monnaie constitue le langage des agents insérés dans une économie de marché, pas seulement un instrument d'échange entre des biens dont la commensurabilité serait posée *a priori* sans référence à la monnaie. Keynes n'est pas le seul à avoir défendu le rôle de la monnaie dans l'activité économique. Schumpeter dépeint ainsi l'entrepreneur, l'agent de la dynamique du capitalisme, comme celui qui s'appuie sur la création monétaire des banques : le crédit est essentiel pour financer son innovation de sorte que la monnaie n'est pas neutre et participe pour lui aussi à la croissance économique.

Au fond, défendre l'argument d'une monnaie active revient à dire que la monnaie n'est pas neutre au sens classique : elle a un impact sur les grandeurs réelles, elle est même une dimension centrale d'une économie de marché car c'est par elle que les agents se figurent chaque bien indépendamment d'un autre en particulier et relativement à tous – la monnaie fait que chaque bien est reconnu en rapport avec tous les biens qui ont un prix, une expression monétaire, et non avec un seul bien particulier. On sortirait ainsi de la magie de la commensurabilité de biens particuliers et donc de la fable du troc : la monnaie ne se contente pas de faciliter les échanges marchands, elle les fonde ou les rend possibles.

Dès lors, ce dissensus sur la neutralité ou l'activité de la monnaie à court terme se rejoue sur la question de l'origine de la création monétaire. Pour les uns, notamment les quantitativistes, la monnaie est exogène : pour le dire simplement, la quantité de monnaie en circulation dans l'économie dépend de la Banque centrale (d'où l'importance de la politique monétaire ayant pour but de neutraliser la monnaie, d'éviter qu'elle ne trouble les calculs économiques, qu'elle ne soit trop abondante). Pour les autres, les tenants de la monnaie active, elle est endogène : elle est créée en fonction des besoins de financement de l'économie à la demande des agents. Cette seconde opposition (qui recoupe en partie la première) montre une fois encore combien la monnaie pose problème à la théorie économique.

Plus encore, deux contre-résultats témoignent de l'importance de ce problème. Premièrement, à l'équilibre général, dans la théorie standard, la monnaie a un prix nul [9]. C'est pour le moins gênant pour rendre compte de ce qu'elle est. L'argument qui le démontre est le suivant : si la monnaie n'a pas de valeur en soi, à la dernière période des échanges aucun agent ne souhaitera la détenir, chacun souhaitera finir le dernier cycle d'échanges sans détenir de monnaie, mais comme tous les agents ont la même rationalité et la même information, il en sera de même logiquement à l'avant-dernière période, et ainsi de suite. Par un raisonnement dit de *backward induction*, aucun agent ne souhaitera de monnaie à la première période et la monnaie aura alors un prix nul. La condition pour que ce ne soit pas le cas – comme cherchent à le montrer les modèles dits « à générations imbriquées » – consiste à supposer que l'économie a une durée de vie infinie, que se succèdent plusieurs générations qui acceptent de détenir de la monnaie parce qu'elles peuvent la transmettre à leurs enfants. La limite de ce raisonnement est de présupposer ce qu'il cherche à démontrer : il existe des raisons qui font que les agents désirent de la monnaie ; mais, en l'absence de lien social, la détention strictement économique de la monnaie n'a pas de sens.

Un second contre-résultat grève lourdement l'approche standard de la monnaie : la théorie ne parvient pas à expliciter la réalisation des transactions, faute de penser le rôle de moyen de paiement de la monnaie. Car la possibilité d'un équilibre général de l'économie, c'est-à-dire d'un équilibre simultané de tous les marchés, a bien été démontrée par Arrow et Debreu [10] – sous des conditions restrictives – mais rien ne dit que l'économie parvienne à cet équilibre. En d'autres termes, on peut prouver que des marchés en concurrence peuvent atteindre un équilibre général mais sans pouvoir expliquer comment. Car il ne suffit pas que l'égalité offre/demande soit possible sur chaque marché, encore faut-il que les agents puissent l'atteindre : toute la question est en fait celle de la réalisation des échanges. Dans le modèle d'équilibre général avancé par Léon Walras [11] dès le XIXe siècle, on suppose implicitement qu'il existe une instance qui agrège les offres et les demandes individuelles de manière à confronter leurs sommes, c'est-à-dire l'offre et la demande globales sur chaque marché : c'est la figure du commissaire-priseur lors des ventes aux enchères. Mais, à l'exception de quelques marchés très spécifiques et très organisés comme la Bourse des valeurs, les marchés n'admettent en général pas de commissaire-priseur et les échanges se font de manière décentralisée. En minimisant l'importance de cette instance de centralisation, la théorie économique se permet de négliger celle des conditions effectives de réalisation des échanges : comment les agents se rencontrent-ils ? comment se mettent-ils d'accord pour échanger ? Plus encore, la dynamique même du marché semble incertaine : comment les agents individuels savent-ils s'ils sont ou non à l'équilibre ? si la transaction qu'ils sont en train de réaliser se fait bien au prix d'équilibre ? comment être sûr qu'il n'existe pas à la fois des offreurs et des demandeurs qui ne peuvent pas à ce prix réaliser les échanges qu'ils souhaiteraient faire ?

Ces questions mettent au jour une aporie majeure de la théorie standard : elle réduit la monnaie à des fonctions qu'elle n'explore pas vraiment. L'étalon de valeur suppose que la valeur préexiste à l'instrument qui rend commensurables les marchandises, c'est-à-dire la monnaie, mais alors celle-ci n'a plus vraiment de nécessité. En tant que réserve de valeur elle est toujours supplantée par d'autres réserves de valeur bien plus rationnelles parce que plus durables, plus rentables, et une fois encore la monnaie paraît peu fondée. Enfin, la monnaie a beau être définie comme moyen de paiement, les paiements ne sont jamais analysés, la réalisation effective des transactions étant passée sous silence. Finalement, la théorie de la « monnaie-voile » semble légitimée si la nécessité même de la monnaie n'est pas prouvée.

Ainsi, pour la théorie économique, à long terme la croissance économique n'est aucunement déterminée par la quantité de monnaie en circulation : les facteurs de croissance sont la quantité de travail et de capital (y compris de capital humain) et le progrès technique, mais pas la monnaie. On pourrait presque dire qu'économiquement l'utilité de la monnaie – au sens strict comme au sens courant – n'est pas démontrée. On en vient ainsi à affirmer de manière paradoxale que la théorie économique a réussi à faire de la monnaie un *objet inessentiel*. Face à un tel constat, la théorie économique semblait aux débuts des années 1990 avoir encore d'importants défis à relever pour rendre compte de la monnaie [12]. De nombreux modèles ont tenté d'énoncer les conditions auxquelles la monnaie peut avoir un prix positif à l'équilibre, d'autres modèles ont essayé de prouver l'extension des possibilités effectives d'échange qui justifierait l'usage de la monnaie [13], d'autres encore de démontrer l'émergence d'un intermédiaire des échanges parmi les marchandises [14]. Mais au lieu de vouloir faire rentrer la monnaie dans un cadre théorique qui l'exclut *a priori* [a], des économistes, le plus souvent qualifiés d'hétérodoxes, ont cherché à avancer des hypothèses originales face à cette voie sans issue.

Ce que fait l'argent sans le dire

On se propose ici d'interpréter trois pistes de réflexion hétérodoxes qui nous semblent éclairer de manière particulièrement efficace les raisons pour lesquelles la théorie économique a eu tendance – au moins depuis Smith – à restreindre les enjeux de la monnaie et à se construire sur l'idée d'une monnaie bien peu essentielle [b] : d'abord celle qui revient sur la nature

a « Alors que dans l'équilibre général la question que l'on pose à propos de la monnaie est celle de son utilité, ici c'est sa nécessité qui est en cause », *in* Michel De Vroey, « La possibilité d'une économie décentralisée. Esquisse d'une alternative à la théorie de l'équilibre général », *Revue Économique*, n° 3, 1987, p. 773-805.

b « Une des fautes majeures de la science économique dominante depuis Adam Smith a tenu à son incapacité à reconnaître la centralité de la monnaie dans l'économie », affirme ainsi Dudley Dillard dans « Money

conventionnelle de la monnaie, ensuite celle qui souligne le lien entre monnaie et souveraineté, enfin celle qui oppose monnaie et théorie de la valeur.

Une convention

Première piste : pour écarter les atermoiements de la théorie monétaire sur la nature de la monnaie – une marchandise comme les autres, mais ayant un prix nul à l'équilibre ? un élément du capital ? –, il faut interroger à nouveaux frais le caractère conventionnel de la monnaie. Conventionnelle, la monnaie de crédit l'est assurément, comme on l'a vu plus haut : comment accepterais-je un billet de banque si ce n'est parce que je pense que vous l'accepterez aussi, alors que vous et moi savons pertinemment qu'il ne vaut rien en soi ? Plus exactement, je l'accepte parce que je pense que vous pensez que je l'accepterai à l'avenir, et ainsi de suite. Toutefois, cette dimension conventionnelle, dont on a tenté de montrer précédemment qu'elle n'excluait même pas la monnaie métallique, mérite un peu plus que d'être simplement admise. Quelle est la nécessité d'une telle convention ? Et qu'implique-t-elle pour nos économies ? Si l'on suit les hypothèses keynésiennes, il apparaît d'une part que les conventions sont essentielles au fonctionnement des marchés : pour fonctionner, ceux-ci s'appuient en permanence sur des jugements conventionnels, une opinion commune, celle de la majorité des intervenants. Car, après tout, l'orientation d'un marché, quel qu'il soit, n'est rien d'autre que la manifestation de cette opinion commune : les prix sont orientés à la hausse lorsque la majorité des intervenants (on devrait dire que leur nombre importe moins que leur poids relatif et la manière dont il est perçu) pensent qu'il faut acheter au lieu de vendre, et inversement. En d'autres termes, le marché fonctionne en produisant des opinions, des conventions temporaires qui orientent les transactions futures. Cela tient à la nature intrinsèquement non probabilisable, incertaine, de l'avenir. Puisque, comme le dit Keynes, « nous ne savons tout

---

as an institution of capitalism », *Journal of Economic Issues*, vol. XXI, n° 4, 1987, p. 1623-1647.

simplement pas » de quoi l'avenir sera fait, chaque agent anticipe le futur et, pour ce faire, observe les anticipations des autres, s'y rallie ou s'en démarque. La nécessité d'anticiper sans savoir *du tout*, sans probabilité rationnelle, contribue à des comportements mimétiques qui ne sont pas pour autant irrationnels : si je ne sais pas comment le marché va évoluer, autant faire comme la majorité qui *de facto* orientera son évolution. L'importance de ces jugements conventionnels et des mécaniques mimétiques est aujourd'hui d'autant mieux admise que la financiarisation des économies a mis au jour plus clairement ces logiques [15] : comme l'avait déjà identifié Keynes, les marchés financiers sont intrinsèquement guidés par des comportements mimétiques.

Mais prendre véritablement acte du caractère conventionnel de la monnaie est un peu plus inquiétant encore. Pour Keynes, la monnaie est une des conventions essentielles aux économies de marché parce qu'elle contribue à écarter le sentiment d'incertitude, voire de chaos, qui sinon submergerait les individus : pour lui, « la possession de monnaie apaise notre inquiétude ; et la prime que nous exigeons pour nous dessaisir de la monnaie est la mesure du degré de notre inquiétude [16] ». L'incertitude apparaît ainsi comme la condition nécessaire de la détention de monnaie. Et si la monnaie est une convention centrale, c'est parce qu'elle « stabilise » en quelque sorte les anticipations. À défaut de monnaie, nul ne pourrait au fond comparer les marchandises, ni même aucune des grandeurs économiques courantes, les revenus, les dépenses. Considérer la monnaie comme une convention essentielle à la tenue des marchés, c'est reconnaître que sans elle le marché ne pourrait pas fonctionner, car aucun jugement ne serait commun ; en donnant sens aux comparaisons entre opérations économiques, elle serait la condition du calcul économique. C'est ce dont rend compte le fait qu'en cas de crise monétaire, les agents, paniqués par le discrédit qui touche la référence commune, s'empressent de jeter leur dévolu sur une devise de confiance pour continuer à anticiper l'avenir, même s'il est noir. Les cas typiques d'hyperinflation montrent ce processus de substitution d'une convention monétaire interne qui a volé en éclats par une autre, souvent extérieure à la communauté, que les agents concernés empruntent temporairement [a].

Du coup, reconnaître le caractère essentiellement conventionnel de la monnaie a quelque chose d'un peu vertigineux : si la monnaie n'est qu'une convention, le calcul économique n'est-il pas fondé sur du sable ? Si toute convention est fragile, faire de la monnaie par essence une convention, c'est en effet courir le risque de voir l'incertitude menacer les relations économiques. D'où l'interprétation suivante : si la théorie économique ne se satisfait pas de définir la monnaie comme une convention, c'est parce qu'une telle définition revient à jeter un doute sur les fondements du comportement économique – une vague d'incertitude pourrait toujours détruire la convention et la possibilité même du calcul économique. Au fond, faire de la monnaie une convention sous-entend que l'ordre marchand n'est pas naturel – il est une construction sociale, le marché s'est progressivement institutionnalisé dans les sociétés occidentales –, mais, pis encore, qu'il n'est pas acquis une fois pour toutes : la forme que prennent les relations marchandes dépend des conventions qui prévalent dans un espace économique donné, et rien n'assure qu'une convention aussi centrale que la monnaie puisse, malgré son apparente anhistoricité, résister à l'incertitude que pourrait provoquer une crise politique par exemple, ou un brusque retournement des anticipations des agents. La piste conventionnelle laisse ouverte la possibilité que ce qui ne relève pas du pur calcul économique remette en cause la possibilité même de celui-ci : elle met la logique marchande à la merci de la crise politique, de la panique ou du doute collectifs. Cette interprétation nous engage alors à prendre la mesure de ce qui soutient la convention monétaire en dehors même du champ économique, puisque la rationalité économique ne parvient pas à elle seule à la légitimer ; c'est dans cette direction que nous invite la deuxième piste.

---

a Les hyperinflations ou les cas de crises de la convention monétaire ont souvent conduit, depuis cinquante ans, à choisir le dollar américain comme monnaie de substitution, justement parce qu'il symbolise la monnaie en laquelle tout le monde a confiance.

Une totalité supérieure aux individus

Deuxième piste : l'usage de la monnaie ne repose pas sur une logique individuelle mais prend appui sur une autorité supra-individuelle, dès lors la monnaie s'inscrit dans une hiérarchie de valeurs.

Pour fonctionner, la monnaie a en effet besoin de confiance. Mais quelle confiance ? On peut distinguer quatre types de confiance : la confiance « routinière », qui proviendrait du fait que les agents s'appuient sur la longue pratique de la monnaie au sein de leur groupe social ; la confiance « métallique », qui désigne la confiance en la valeur de l'instrument monétaire lorsque celui-ci prend la forme de métaux précieux ; la confiance « politique », qui renvoie à la puissance souveraine servant de garant à la monnaie ; et enfin la confiance « effective », produite par le constat que l'échange monétaire fonctionne. Cette première typologie souligne au moins deux caractéristiques de la confiance nécessaire à tout système monétaire : d'une part, elle ne repose pas fondamentalement sur des arguments économiques, d'autre part, elle se réfère à une souveraineté transcendante (dans le cas de la confiance politique).

Michel Aglietta, André Orléan *et alii* [17] avancent quant à eux que la confiance que requiert la monnaie relève de trois logiques : une confiance méthodique, qui a pour source la routine, la réalisation répétée des opérations monétaires conduisant à ce qu'ils proposent de nommer une *déméfiance* – « le recours partagé aux mêmes procédures peut faire émerger une dynamique collective, tenue pour vérité objective dont émane un climat de sécurité ». La confiance méthodique se joue ainsi au niveau des relations interpersonnelles, elle est ce qui permet d'engager des relations sur la base du bon fonctionnement des échanges passés, de la régularité des paiements précédents, en créant une forme de sécurisation. Mais cette confiance méthodique est au fond toujours à la limite de la méfiance, elle est le « fruit du doute critique » et par là même un degré zéro de confiance, une confiance en dernier ressort, qui a le mérite de mettre en lumière l'importance des mécanismes mimétiques dans le phénomène de confiance comme de défiance, puisqu'une panique peut la remettre en cause.

Deuxième logique, celle de la confiance que ces auteurs appellent « hiérarchique » parce qu'elle repose sur la reconnaissance d'une autorité souveraine, d'une instance supérieure à laquelle chacun est subordonné et qui représente à la fois « un recours, une protection et une garantie ». Une telle confiance met en jeu deux propriétés essentielles : d'un côté, l'existence d'une hiérarchie de valeurs, puisque l'instance souveraine est supérieure hiérarchiquement et que la confiance en elle exprime la reconnaissance de cette hiérarchie ; de l'autre, le fait que le lien entre les agents apparaît dès lors comme un lien social puisqu'il les lie tous en les subordonnant à cette instance souveraine. Aglietta et Orléan identifient cette confiance hiérarchique à la fois dans le système monétaire et dans la formation des individus : dans ce dernier cas, elle se manifeste par les croyances en des bons génies ou autres anges gardiens qui représentent un principe indéfectible de garantie, de protection, quels que soient les aléas de la vie. Dans le système monétaire, cette confiance hiérarchique prend la forme d'une autorité supérieure, en l'occurrence la Banque centrale, qui trône au sommet de la hiérarchie bancaire : dans tous les cas, il s'agit d'un tiers exclu qui fonde la hiérarchisation du système. La confiance hiérarchique a donc ceci de particulier qu'elle met au jour le recours à une instance supra-individuelle qui manifeste une hiérarchie : elle traduit la protection d'une autorité politique.

Enfin, la confiance éthique constitue pour ces auteurs le troisième degré de confiance nécessaire au système monétaire : elle est ce qui postule « la pérennité de l'économie de marché où se déploient les projets des agents économiques », dès lors que dans nos sociétés la position éthique consiste à supposer la supériorité en valeur de l'être humain et que celui-ci est pensé comme sujet économique.

Ces trois logiques de confiance peuvent être distinguées à la fois par leur temporalité et par leur champ d'action : la confiance méthodique relève des opérations quotidiennes, des arrangements entre agents économiques qui interviennent sur un marché, tandis que la confiance hiérarchique se donne à voir dans les moments de crise où la confiance méthodique vole en éclats :

la fonction de prêteur en dernier ressort de la Banque centrale en serait ainsi une manifestation primordiale. Reste que la confiance éthique est bien difficile à identifier : elle impose le respect des contrats privés, même à l'instance supérieure qu'est la Banque centrale, mais demeure obscure. Elle s'enracine dans le respect du sujet économique qui cherche à satisfaire ses désirs et constitue quelque chose comme un principe de limitation des instances hiérarchiquement supérieures car elle impose le souci de ne pas léser l'individu.

Un constat semble s'imposer : la confiance, quelle que soit sa forme, repose sur une croyance non explicitée. Si l'on peut tenter de caractériser les formes de confiance, la croyance sur laquelle elle se fonde n'est pas formulée, mais renvoie à une totalité supérieure aux individus. L'existence d'une telle autorité fait figure de condition *sine qua non* de la confiance nécessaire à tout système monétaire. Dès lors, la monnaie n'est pas le fait d'une délibération consciente, ni d'un intérêt partagé, mais renvoie chacun de ses utilisateurs à l'ensemble de la société ou plus précisément à une totalité qui s'exprime dans la confiance en la monnaie. Autrement dit, s'il n'y a pas de typologie définitive ou consensuelle des formes de confiance, il reste que la confiance traduit la référence à une entité qui ne peut être comprise dans la stricte logique individuelle : le calcul rationnel ne suffit pas à fonder la confiance dans la monnaie, de sorte que la référence à une totalité supérieure semble incontournable. Faire fi de cette hiérarchisation sociale, de la condition d'une souveraineté à laquelle chacun se plie, c'est laisser dans l'ombre le fondement de la confiance. Dans cette mesure, si la monnaie n'est pas une marchandise – ce n'est pas pour ses vertus de bien qu'elle est utilisée –, elle n'est pas non plus un contrat entre individus autonomes : elle ne procède pas plus de la décision rationnelle qu'elle ne se réduit à un métal précieux. La souveraineté qu'elle implique pourrait alors faire d'elle le strict produit de la souveraineté instituée, de l'État.

La monnaie produit de l'État

Pour mieux comprendre cette idée d'une « monnaie souveraine », il nous faut procéder à un détour. Ordinairement, poser la question de la souveraineté, c'est poser la question de l'État. Même pour les économies les plus ouvertes, on ne peut pas penser la monnaie indépendamment de l'État. C'est ce qu'a montré notamment Georg Friedrich Knapp, il y a plus d'un siècle, par son approche « chartaliste » de la monnaie, c'est-à-dire à la fois nominaliste et institutionnaliste [18] : l'estimation de la monnaie n'est pas le fruit des forces marchandes, elle est par essence une création de la loi, et son essence fonctionnelle est d'être un moyen de paiement proclamé par l'État. En ce sens, l'origine de la monnaie n'est pas l'échange entre agents autonomes mais l'impôt. Mais Knapp va plus loin puisque c'est l'ensemble des relations monétaires qui dépendent directement de l'État. Plus précisément, selon lui, la réglementation étatique joue à trois niveaux : d'abord la reconnaissance de la monnaie, puisque c'est l'État qui institue le moyen de paiement qui est accepté pour régler une dette avec lui ; le pouvoir libératoire ensuite, puisque la distinction entre monnaies obligatoires et monnaies facultatives relève de la seule volonté étatique ; et la convertibilité enfin, car pour Knapp la monnaie « valutaire », c'est-à-dire la monnaie reconnue et effective, est ultimement toujours imposée par l'État. Dès lors, la communauté monétaire est avant tout une communauté politique, et si tout paiement repose sur une communauté de payeurs, la communauté organisée par l'État est à la fois la plus ancienne et la plus courante. La monnaie n'est pas une marchandise pour Knapp car la propriété de la marchandise est d'avoir de la valeur alors que celle de la monnaie est d'être valide : cette validité (*Geltung*) ne tient pas au rôle de la monnaie dans les transactions mais repose sur l'autorité qui a institué la monnaie. La monnaie est monnaie parce qu'elle est proclamée par l'État à travers la loi et sa validité est d'essence juridique puisqu'elle est fixée par des prérogatives de la puissance publique. C'est sur cette seule base de validité que la monnaie permet le paiement. C'est l'État qui fait de la monnaie une créance indéterminée sur l'ensemble des biens.

La théorie chartaliste avancée par Knapp a deux mérites : d'une part, elle souligne le fait que la monnaie n'est telle que dans le cadre d'une communauté d'agents, ce que Knapp appelle une communauté de payeurs, ce qui revient à récuser la conception contractualiste – la monnaie n'est pas le fruit d'une négociation bilatérale, elle n'a rien à voir avec le troc auquel se réfère la pensée néoclassique comme stade précédant l'échange monétaire. Le paiement monétaire engage une communauté, c'est-à-dire une forme de totalité que Knapp associe (et en même temps réduit) à l'État. De plus, au-delà de la diversité des formes monétaires, cette relation à une totalité constitue pour Knapp un invariant qui permet de conforter son hypothèse d'unicité de la catégorie monétaire : qu'elle soit métallique ou non, la monnaie se fonde toujours sur une communauté, comme en témoignent les monnaies privées qui, pour lui, sont subordonnées à la monnaie d'État. D'autre part, cette approche souligne le fait, confirmé historiquement, que les sociétés avec État ont toutes recours à la monnaie, même si c'est sous des formes différenciées. Dans cette perspective, Knapp rompt radicalement avec la pensée économique traditionnelle qui, en récusant l'importance de la monnaie, se donne les moyens de rejeter la question du rôle de l'État. Ce n'est sans doute pas un hasard si l'économie libérale a tant de mal à rendre compte de la monnaie alors qu'elle se fonde sur la plus grande méfiance à l'égard de l'État [a].

La leçon que l'on peut retenir de Knapp est que la monnaie est forcément liée à la puissance publique, à la loi [19]. Non seulement l'État impose sa définition de la monnaie, de manière plus ou moins rapide, mais il apparaît légalement comme le garant de la monnaie même s'il peut déléguer ce rôle à une institution comme la Banque centrale. L'importance de l'État et de la loi pour la monnaie contemporaine est donc tout sauf infondée : ce sont bien les États européens qui ont décidé d'instituer une monnaie unique, usant par là même d'une des caractéristiques de la puissance publique pour Knapp : être capable d'imposer le

a Voir l'article de Bruno Théret, *in* Michel Aglietta et André Orléan (dir.), *Souveraineté, légitimité de la monnaie*, Association d'économie financière, 1995, p. 71 : « L'économie politique a dès l'origine cherché à marginaliser voire éliminer l'État du champ de son analyse. Il en résulte un modèle économique instituant une représentation de la société dans laquelle l'ordre marchand est rationnellement optimal et autosuffisant. »

changement de moyen de paiement. Si le lien entre monnaie et État est facile à admettre dans les sociétés modernes, il n'est pas moins présent dans les sociétés anciennes : parmi les usages les plus anciens de la monnaie, les historiens ont identifié le paiement de mercenaires par un État et le versement d'impôts par les sujets. Autrement dit, l'histoire monétaire la plus ancienne associe souvent la monnaie à l'État, que ce soit pour mener la guerre ou pour la fiscalité. La monnaie sert à la fois à l'État à recruter des hommes pour mener des combats qui visent à asseoir (ou défendre) son autorité et à prélever une part des richesses privées en échange de sa protection.

Pour autant, la monnaie des mercenaires, des impôts et les lois instituant la définition légale de la monnaie suffisent-elles à faire de la monnaie un pur produit de l'État ? Sans doute pas et pour trois raisons. Premièrement, la relation entre monnaie et État est variable historiquement et d'une société à l'autre : si la définition du mark est une étape importante de la naissance de l'État allemand au XIXe siècle, la garantie que l'État apporte à la monnaie reconnue légalement est moins forte dans d'autres cas : aux États-Unis, l'unité monétaire s'est faite de manière plus erratique, comme en témoigne la création d'une Banque centrale seulement en 1914. Deuxièmement, si la monnaie n'était que ce qui est proclamé tel par l'État, comme le défend Knapp, alors le cas de l'euro serait pour le moins hors norme : même si ce sont bien les gouvernements de la zone euro qui ont imposé cette nouvelle monnaie, il n'existait pas à proprement parler d'État européen et l'absence de gouvernement politique persiste aujourd'hui encore. Comment comprendre alors qu'une décision administrative puisse garantir la monnaie des Européens ? En quelle autorité politique mettent-ils leur confiance ? Enfin, la théorie chartaliste de la monnaie réduit la confiance sur laquelle repose le système monétaire à une confiance hiérarchique, or celle-ci n'explique pas complètement le rapport de confiance nécessaire à la monnaie. Bien que les crises monétaires soient souvent corrélées à des crises politiques, toute crise politique ne se traduit pas immédiatement en crise monétaire : cela signifie qu'il existe des modalités de confiance dans le système monétaire qui complètent, voire relaient, la confiance hiérarchique. D'ailleurs, le fait qu'il existe des monnaies « privées », c'est-à-dire émises par des agents privés, restreint la validité de cette position purement étatiste.

La souveraineté monétaire au-delà de l'État

Ainsi, la monnaie apparaît indéniablement liée à l'autorité politique qui la proclame, la garantit, mais sans être subsumable sous sa dimension politique. Ou plutôt, elle est bien une institution politique parce que ses règles d'usage et d'émission proviennent du souverain, parce que la souveraineté préside à l'institution des systèmes monétaires, mais sans que cela épuise l'explication du lien monétaire.

Dans cette perspective, selon Aglietta, la souveraineté doit être davantage que l'État : c'est un principe d'appartenance renvoyant au fait que la société est une totalité irréductible à la somme de ses membres, de sorte que la souveraineté a une source extérieure à l'existence humaine – elle suppose l'immortalité de la société, sa pérennité au-delà de la mort de ses membres et implique une protection de leur vie. Dès lors, reprenant le concept de Marcel Mauss, il affirme que chaque membre de la société a une « dette de vie » à l'égard du souverain, c'est-à-dire vis-à-vis de la société prise comme totalité. Dans les sociétés à État, la dette de vie devient dette sociale – une dette inextinguible tant que la société existe – et la monnaie a pour rôle de mesurer cette dette sociale à la fois par l'impôt que les membres de la société versent à l'État et par les dépenses de l'État pour assurer ses fonctions de protection. Dans cette mesure, on retrouve, mais en la compliquant, une définition courante de la monnaie qui veut que la monnaie éteigne les dettes. Mais il apparaît ici que si la monnaie exprime la dette sociale, il ne s'agit en aucun cas de l'éteindre, bien au contraire : la monnaie assure en quelque sorte la mesure – le décompte – de la dette sociale, mais ne l'épuise jamais. Elle est plutôt l'opérateur par lequel les agents partagent une définition chiffrée de l'appartenance à la société [20]. En d'autres termes, la monnaie traduit la souveraineté inhérente à toute société avec État et doit presque se concevoir comme un langage symbolique manifestant cette appartenance commune à une totalité qui dépasse les membres qui la constituent. En tant qu'unité de compte imposée par le souverain, elle fonde la confiance hiérarchique. La confiance méthodique, quant à elle, se développe du fait que le langage monétaire s'est étendu aux autres transactions. Mais la confiance hiérarchique et la confiance méthodique ne suffisent pas, car la monnaie n'est pas seulement un principe d'appartenance collective, elle est aussi l'objet d'un désir d'appropriation privée ; il faut donc un autre principe garantissant que le politique préserve la monnaie comme opérateur de cohésion sociale : c'est le rôle de la confiance éthique qui, elle, fait de la monnaie le lien social fondamental et borne les possibilités d'action du souverain en posant les limites de sa légitimité.

Au total, aux trois fonctions traditionnellement attribuées à la monnaie se substituent trois logiques de confiance qui rendent compte de sa triple dimension : langage ou principe de décompte social, institution dont les règles d'usage et d'émission sont codifiées et objet intervenant comme moyen de paiement. Il en ressort que la théorie économique est bien démunie pour prendre la mesure de cette triple source de confiance qui ne se dévoile jamais dans l'arbitrage de l'individu rationnel. D'où une troisième piste visant à expliciter pourquoi la théorie économique ne parvient pas à fonder une explication de la monnaie.

Monnaie versus *valeur*

On peut maintenant radicaliser notre questionnement : la monnaie est-elle vraiment un objet économique ? Cette troisième piste vise moins à énoncer une théorie de la monnaie et de son essence qui soit une alternative aux apories de la théorie monétaire courante, qu'à éclairer les raisons qui font que la monnaie est au fond exclue de la logique économique telle qu'on l'entend couramment. Suivre une telle piste suppose de remettre en cause les trois hypothèses constitutives du statut de la monnaie dans la théorie standard.

D'abord, la monnaie est incompatible avec toute théorie de la valeur. Celle-ci consiste à considérer que les agents économiques sont capables de penser une commensurabilité des biens indépendamment de l'existence de la monnaie : ce qui fait des marchandises qu'elles sont commensurables, c'est la valeur. La théorie de la valeur ne sert qu'à énoncer le fondement de cette commensurabilité qui est censée exister *a priori, indépendamment* de la monnaie. Ainsi, la théorie de la valeur-travail défendue par Smith, Ricardo ou – sous une forme différente et dans un but politiquement divergent – par Marx, affirme que la valeur de tout bien reproductible repose sur la quantité de travail qu'il permet d'acquérir ou qu'il contient (ou encore qu'il cristallise) : si les biens économiques nécessitent tous du travail humain, c'est bien le travail qui fonde leur commensurabilité, c'est-à-dire qui en fait des marchandises comparables et mesurables chacune dans les quantités d'une autre. D'ailleurs, les biens qu'on appelle « libres » (l'air, l'eau de mer), même s'ils ne le seront sans doute pas toujours, et les biens non reproductibles ne sont justement pas des biens économiques dans cette optique. Ainsi, la théorie de la valeur-travail ouvre la voie à une conception des rapports d'échange tout à fait fondamentale pour la suite du développement de la théorie économique : les rapports d'échange des marchandises sont définis par le rapport des quantités de travail contenues dans ces marchandises et non pas par le prix de chacune d'elles. Autrement dit, le prix de chaque marchandise ne mesure pas nécessairement le rapport d'échange dans la théorie de la valeur.

Les difficultés à rendre compte du passage des quantités de travail aux prix – en intégrant le fait qu'il faut aussi du capital pour produire des marchandises – expliquent pour une part l'abandon de la théorie de la valeur-travail pour celle de la valeur-utilité. Envisagée dès le début du XIXe siècle, cette dernière est véritablement portée par les auteurs dits marginalistes dans les années 1870. Pour elle, la rareté est le fondement de la valeur : un bien est un bien économique, c'est-à-dire un bien utile, à la fois parce qu'il est disponible en quantité limitée et parce qu'il procure de la satisfaction à celui qui le consomme. Cette approche de la valeur-utilité souligne deux penchants de la théorie économique moderne : d'une part, les individus sont l'unité première de l'analyse économique, puisque chaque agent est capable de reconnaître l'utilité relative d'une marchandise par rapport à une autre – même pas besoin de la mesurer en soi, autrement dit l'utilité peut n'être qu'ordinale [a]. D'autre part, comme l'utilité est posée comme principe commun à la sphère économique, il n'est pas envisageable qu'un agent économique évalue d'une autre manière la valeur de chaque marchandise. Ainsi, comme dans le cas de la valeur-travail, un bien est un objet marchand parce qu'il a une valeur que les individus reconnaissent, mais en plus l'identification de la valeur est parfaitement individuelle : l'utilité que j'attribue à un objet n'est pas nécessairement la même que celle que lui attribue mon voisin. Ainsi, la théorie de la valeur pose comme évidence le fait que les biens soient des marchandises, c'est-à-dire que les agents soient à même d'identifier leur commensurabilité.

Or c'est cette reconnaissance qu'il s'agit de remettre en cause parce qu'elle cantonne la monnaie au mieux à un rôle d'instrument de réalisation d'échanges qui en tout état de cause peuvent toujours être pensés sans elle. Puisque les relations des biens entre eux sont supposées reposer sur la valeur, la monnaie est évacuée des fondements de l'échange ou, pour le dire autrement, l'échange monétaire n'a plus aucune spécificité par rapport au troc, ce qui est un peu gênant s'il s'agit de fonder une théorie économique de la monnaie.

Seconde hypothèse : à cette théorie de la valeur qui résout pour ainsi dire par avance la question de l'éventuel rapport entre les marchandises, s'ajoute une hypothèse moins connue mais tout aussi fondamentale qui est l'identification même des marchandises. C'est ce que Carlo Benetti et Jean Cartelier ont appelé l'« hypothèse de nomenclature [21] » : la théorie économique suppose une objectivité des biens, c'est-à-dire que tout agent sait identifier un bien à la fois matériellement, dans l'espace et dans le temps (c'est-à-dire par ses caractéristiques physiques, son lieu de

a La théorie de la valeur-utilité se fonde au départ sur une conception cardinale de cette dernière : chaque agent attribue une utilité à chaque bien ; mais la réflexion de Pareto, qui souligne la difficulté de mesurer l'utilité, conduit à privilégier une approche ordinale : chaque agent est capable de comparer les utilités de différents biens et d'ordonner ces biens ou plus précisément les paniers de biens selon ses préférences.

livraison et sa date de disponibilité). Plus exactement, chaque agent connaît les propriétés de chaque bien sans incertitude. Il n'y a de doute ni sur ce à quoi ressemble le bien, ni sur sa qualité, encore moins sur la mesure dans laquelle il est utile. Cette objectivation totale des biens consiste ni plus ni moins à poser comme évidente la relation des agents aux biens, ou encore à nier la seule possibilité que les biens ne soient pas transparents pour les individus. Ainsi, du point de vue de la théorie économique, la situation « normale » est celle où il ne peut y avoir débat entre les agents sur la qualité d'un bien, ni discussion sur son utilité ni négociation sur ce qu'il est exactement. Depuis les années 1970, l'exploration des situations dites d'asymétrie d'information, notamment par George Akerlof[22], Joseph Stiglitz et Michael Spence, a pourtant soulevé des questions fondamentales : si l'acheteur ne connaît pas exactement la qualité du bien qu'il est sur le point d'acquérir, il peut être amené à considérer le prix comme un indice de cette qualité, si bien que sa demande devient une fonction croissante du prix, démentant par là même un des principes de formalisation de l'échange marchand. Pire encore, si la qualité du bien n'est pas certaine, les vendeurs de biens de qualité seront poussés à ne pas mettre en vente leur produit sur un tel marché et celui-ci risque fort de n'être qu'un marché de dupes où ne sont échangés que des produits de faible qualité.

Ces résultats, parfaitement reconnus par la communauté économique, n'ont pourtant pas conduit à récuser l'hypothèse de nomenclature tant elle est l'un des piliers de la manière dont la théorie économique se représente l'échange. Grâce à elle, en effet, la monnaie n'a pas de consistance puisque le lien premier entre les agents transite par les marchandises ; les individus sont des agents économiques d'abord parce qu'ils sont dans un rapport particulier avec les marchandises, qu'ils identifient parfaitement – soit ils les demandent, soit ils les offrent. Dans cette perspective, la demande de monnaie a bien du mal à être justifiée puisque, par principe, les agents économiques ne sont définis économiquement que par leur rapport aux marchandises. Les tentatives pour trouver un sens économique à la demande de monnaie achoppent sur le fait que ce sont toujours ultimement les marchandises qui comptent [a] ; d'où la nécessité de faire de la monnaie une marchandise si l'économie veut rendre compte au moins de sa présence. Mais si on récuse le statut de marchandise à la monnaie, alors celle-ci n'a plus lieu d'être et l'on aboutit à ce paradoxe que la théorie économique ne sait plus rien dire de la monnaie.

Enfin, troisième hypothèse qui nous semble au cœur de l'impossibilité de la théorie économique à rendre compte de la monnaie : celle d'individus dotés d'un ordre complet de préférences. Bien qu'elle soit moins déterminante que la théorie de la valeur ou l'hypothèse de nomenclature, elle semble participer d'un refoulement de la monnaie. Elle suppose en effet que les agents économiques sont toujours capables de classer les paniers de biens selon un ordre de préférence au sens large, c'est-à-dire que face à deux paniers de biens, l'individu est toujours capable de dire lequel il préfère ou si les deux lui sont indifférents, mais jamais il ne se trouve dans l'incapacité de répondre ; pour le dire plus prosaïquement, il ne dit jamais « je ne sais pas ». Or cela soulève deux problèmes.

D'une part, si la théorie des jeux a pu considérer le cas où les choix d'un individu dépendent des choix d'un autre – c'est un comportement dit « stratégique » –, on pourrait attendre que soit intégrée la possibilité que les préférences, du moins certaines, soient déterminées par les préférences d'autres agents, comme le manifeste le phénomène de la mode. C'est donc que le comportement mimétique devrait pouvoir être envisagé non seulement en tant que choix rationnel, comme sur les marchés financiers – tel que l'envisage Keynes –, mais tout simplement comme possibilité. Supposer, en revanche, à l'instar de la théorie standard, que des agents puissent avoir des préférences similaires sans s'interroger sur le caractère construit socialement de cette similitude nous apparaît comme un déni de la convergence des désirs

a L'explication de la demande de monnaie est une des questions récurrentes auxquelles s'est heurtée la théorie économique : plusieurs formulations ont été avancées, d'une demande de monnaie pour motif d'approvisionnement (chez Walras), à une demande pour motif de transaction et précaution (approche néoclassique) et de spéculation (chez Keynes).

individuels dont la monnaie est le plus souvent l'objet dans les faits. Comment serait-il alors possible de penser le désir commun d'argent ?

D'autre part, l'absence d'indétermination dans les préférences des individus signale une fois de plus que les individus se définissent par leurs désirs de marchandises et par rien d'autre. Non seulement ils ne se trompent pas en acquérant tel ou tel bien, puisque leur achat est commandé par leurs préférences, qui sont antérieures logiquement, mais ils ne peuvent ressentir ni regret ni déception face à cet achat, ni désirer acquérir « n'importe quoi ». Dans ce schéma, disparaît, nous semble-t-il, la possibilité de vouloir acheter pour acheter, ce dont notre société de consommation fait pourtant son leitmotiv. Le plaisir de dépenser pour dépenser serait toujours justifié par des préférences particulières. Or la monnaie semble être à la fois l'« objet » d'un désir partagé et en même temps ce qui s'utilise pour participer à la société marchande, parfois sans autre but que d'y participer. Au total, la relation de préférence étant supposée complète, il ne peut y avoir d'indétermination dans les choix des agents, et tout choix ne peut être que justifié, quel qu'il soit. C'est là encore faire fi des conditions de réalisation des échanges monétaires, qui révèlent au contraire souvent l'atermoiement ou l'indécision des agents face aux biens.

À partir de là, renverser ces trois hypothèses constitutives de la théorie économique de l'échange apparaît comme une nécessité pour rendre compte de la monnaie : postuler la monnaie avant les marchandises, avant les préférences des agents pour les marchandises et avant la commensurabilité de celles-ci entre elles. Contre toute théorie de la valeur et contre l'hypothèse de nomenclature, supposer que la monnaie est première, c'est-à-dire déjà là.

Conséquences

Cette remise en cause des hypothèses fondatrices de la théorie standard a permis aux économistes hétérodoxes d'éclairer un certain nombre de dimensions de la monnaie : son rôle de transmutation du privé en social, sa fonction dans une société marchande où les échanges sont décentralisés, et même l'opacité de la transaction monétaire.

Supposer que la monnaie est antérieure logiquement à l'identification des biens comme marchandises, et donc à la société de marché, revient d'abord à constater l'impossibilité pour la théorie économique traditionnelle de penser la monnaie. La monnaie condense en effet toutes les relations sociales que cette théorie refoule : dès lors que les biens, leur commensurabilité et les liens des individus aux biens sont postulés, la monnaie n'a plus guère de sens. En d'autres termes, la monnaie est économiquement inconsistante parce que ces postulats la remplacent ou plutôt la rendent *inessentielle*. En revanche, si l'on abandonne ces postulats, la socialisation économique redevient une question : comment les agents appartiennent-ils à une société marchande ? comment leurs rapports avec les marchandises peuvent-ils tenir lieu de rapports sociaux ? comment ces individus peuvent-ils ne pas être écrasés par leur irréductible solitude ? L'inocuité et la neutralité de la monnaie seraient à chercher au cœur du projet de la science économique, telle qu'elle s'est constituée depuis les classiques : refonder une société marchande sur la seule base d'individus intéressés. C'est parce que la théorie économique a voulu faire table rase des liens sociaux traditionnels – solidarité de communauté, rapports hiérarchiques –, en postulant des individus libres et égaux qui n'entreraient dans des relations avec leurs semblables que pour autant qu'ils y trouvent leur intérêt, que la monnaie en est pour ainsi dire exclue. En voulant fonder l'idée d'une société de marché où les seuls liens vont des individus aux marchandises et reposent sur le calcul individuel, la théorie économique standard a été amenée à rejeter hors de son champ d'investigation les autres formes de liens sociaux. Dès lors, la monnaie concentre en elle les angles morts de la théorie économique parce qu'elle contient implicitement toutes les relations sociales que la théorie économique écarte pour refonder *in abstracto* le lien entre les individus sur la seule base de leurs calculs ou de leur intérêt. En conséquence, chercher à fonder une théorie économique de la monnaie ressemble un peu à un retour du refoulé, car c'est au nom de sa recherche de scientificité, au nom de sa distinction d'avec les autres sciences sociales, que l'économie a rejeté la monnaie pour reconstruire une société économique de manière logique à partir de la seule dimension économique des agents.

A contrario, postuler que la monnaie est première, qu'il n'existe pas de société économique avant la monnaie, implique d'expliciter dans quelle mesure celle-ci contribue effectivement au lien social ou plutôt l'exprime. Dans leur tentative pour énoncer une théorie de la monnaie qui vaille pour toutes les formes monétaires, Aglietta et Orléan avancent que la monnaie « est le principe de la valeur », ce qui signifie pour eux que « la monnaie est ce par quoi la société rend à chacun de ses membres ce qu'elle juge qu'il lui a donné » [23]. Elle manifeste la reconnaissance sociale de la contribution de chaque individu et l'évaluation de cette contribution. Cela suppose deux choses : d'un côté, que la société considérée recourt à l'abstraction du nombre pour rendre compte de relations sociales essentielles, de l'autre, que la société soit pensée comme ne résultant pas de la simple agrégation de ses membres mais bien comme une totalité d'ordre supérieur, c'est-à-dire que soit reconnue une forme de souveraineté. Si, dans l'ordre économique, la monnaie est l'instrument de « conversion de l'individuel en collectif et du privé en social [24] », dans les sociétés non marchandes elle est bien plus car elle peut être l'instance de totalisation symbolisant le tout de la société [25]. Dans tous les cas, la monnaie joue un rôle de médiation parce qu'elle « est l'expression du corps social : posséder de l'argent revient à détenir une créance sur la société », « l'argent n'est qu'une assignation sur la société [26] ». En d'autres termes, elle est l'expression de la totalité sociale.

Mais Aglietta et Orléan veulent aussi rendre compte de l'échange marchand, dont ils identifient les caractéristiques particulières, historiquement déterminées : premièrement, ce qui est échangé, la marchandise, est un objet anonyme, détaché des individus, contrairement à ce qui s'échange dans le don – nul *hau* ne hante la marchandise, comme il pouvait hanter l'objet du don. Deuxièmement, aucune obligation ne persiste après l'échange, contrairement à l'obligation de rendre mise en évidence par

Mauss dans son *Essai sur le don*. Troisièmement, l'échange vise l'augmentation de l'utilité des individus et non l'affirmation de leur appartenance sociale, ou leur contribution à un rite collectif. Pour autant, cet échange marchand est toujours un rapport monétaire. Comment le comprendre ? Il faut pour cela dévoiler le rapport à la souveraineté qui s'y joue : alors que la théorie économique revendique son auto-institution, la société marchande est, selon eux, en réalité traversée en permanence par des forces de dissolution ou de fractionnement qui ont deux origines : d'un côté, l'incertitude, puisque chaque individu ne peut savoir ce qui va advenir de l'autre, l'absence de solidarité interpersonnelle du type de celle qui prévaut dans les sociétés dites traditionnelles, de sorte que l'individu est toujours renvoyé à son isolement. Du coup, contrairement à ce que soutient la théorie économique standard pour laquelle les objets satisfont tous les besoins des membres de la société marchande, ces derniers ont un besoin de protection, comme tout membre d'une société (c'est bien le fondement du rapport de souveraineté que nous avons vu précédemment), mais l'originalité de la société marchande est que ce besoin prend la forme de la quête de richesse : « ainsi le lien au groupe prend-il la forme de la foi en la monnaie [27] ». La foi en la monnaie dans les sociétés marchandes est une réponse au besoin de protection, de recours contre la possibilité du chaos, contre la finitude de l'individu. L'échange monétaire évite par là même d'avoir confiance en l'autre, il suffit d'avoir confiance dans la monnaie. Il permet même, selon Mark Anspach, « un dégagement mutuel des échangistes [28] », qui semblerait être le propre des sociétés modernes où l'échange n'est plus une transaction qui engage les individus (mais seulement leur compte en banque ?). Finalement, la confiance dans la monnaie est un substitut de la confiance dans le partenaire de l'échange. Comme l'entend la société marchande, elle permet de se dégager des rapports interpersonnels. Simultanément, la transaction monétaire a ceci d'insolite qu'elle coupe le lien avec le partenaire de la transaction : elle éteint complètement la dette.

Mais comment la monnaie peut-elle ainsi rendre compte d'une relation sociale alors même que la transaction monétaire met un terme à la relation entre les échangistes ? D'abord en considérant que la rupture créée par la transaction monétaire n'est peut-être pas le propre des sociétés modernes. Dans une perspective anthropologique, Mark Anspach envisage ainsi que la monnaie versée au prêtre officiant dans les sacrifices ou servant à la rétribution du bourreau joue le rôle de « rempart », de barrière de protection contre la violence du rituel effectué. Elle permet de borner le sacré pour protéger la société et, par là même, marque une rupture entre la violence du sacrifice aux dieux et le profane qui l'a demandé pour payer sa dette, rupture entre la violence du bourreau et le reste de la société. Autrement dit, dans ces moments où le rapport des hommes à une totalité, à la souveraineté, est particulièrement intense, la monnaie peut aussi servir à exprimer une clôture, une circonscription de la violence. En transposant cette idée à la société marchande, on pourrait presque dire que la monnaie, en fermant définitivement la transaction – en la réglant –, empêche la violence du doute infini sur la confiance qu'il faudrait accorder à l'autre pour accepter un échange avec lui. On retrouve ainsi l'idée que la confiance en la monnaie remplace la confiance en l'autre qui, dans une société d'individus intéressés, serait bien plus difficile à fonder.

Il y a plus : dans la société marchande, il demeure, comme dans les autres sociétés avec monnaie, mais de manière voilée, une relation à la totalité. « Ce n'est que grâce à cette relation très particulière à la communauté comme totalité que les individus peuvent se comporter comme si la relation à la totalité n'existait pas [29]. » En d'autres termes, tout en clôturant l'échange marchand, la monnaie entretient la relation de chacun à la société tout entière parce qu'elle concentre en elle la croyance en une forme de protection d'ordre supérieur, croyance qui n'est pas explicitée. Ainsi s'expliquerait l'opacité de la relation monétaire dans les sociétés modernes : la croyance qui permet la confiance en la monnaie ne peut être questionnée ; elle est, selon Aglietta et Orléan, l'expression d'une relation verticale passée sous silence.

La monnaie manifeste en conséquence un rapport social contradictoire : elle attire sur elle la confiance mais peut toujours être remise en cause dès lors que la confiance qui lui est adressée ne tient fondamentalement qu'à une croyance qui n'est pas explicitée. Le rapport monétaire n'est au fond jamais définitivement institué. Et si le désir d'argent est une quête de protection, c'est parce que c'est la monnaie qui condense le rapport à la totalité, sans le dire. C'est la raison pour laquelle Aglietta et Orléan proposent de manière tout à fait originale de définir la richesse comme la liquidité. La convergence des désirs des individus pour cette monnaie qui n'a pas de valeur économique s'éclaire ainsi : elle est la forme première de richesse parce qu'elle donne une créance sur la société.

Une théorie non économique de la monnaie ou un objet impossible ?

Il ressort finalement de ces analyses que la monnaie n'est ni une marchandise, ni le résultat d'un contrat, ni la créature de l'État, qu'elle est logiquement antérieure aux relations de marché et qu'elle constitue un lien social plus fondamental que le marché. Cette approche expliciterait la formule de Simiand, qui proposait dès les années 1930, et à la suite des travaux de Mauss, de voir en elle un « fait social total [30] ». En conséquence, la monnaie n'est pas une entité économique, mais ce par quoi l'économique est pensable ; elle n'est pas un objet économique, mais une donnée. Dans cette perspective, il n'y a pas de théorie économique de la monnaie possible car une théorie de la monnaie est forcément extra-économique.

C'est pourquoi Jean Cartelier et Carlo Benetti ont proposé de postuler l'existence de la monnaie et d'analyser les différentes formes de système de paiement et leurs effets sur la réalisation des échanges. Chaque système de paiement comporte une unité de compte, un principe de monnayage et un principe de règlement des soldes à la fin des échanges [31]. Dès lors, l'enjeu consiste à montrer que la théorie de l'échange gagnerait à intégrer cette hypothèse monétaire pour formaliser à la fois la sanction de marché et l'existence de déséquilibres économiques soldés en monnaie qui sont au cœur des économies marchandes.

Demeure néanmoins posée la question de l'origine de la monnaie et de sa justification. Car fonder une théorie de la monnaie exigerait de rechercher dans les systèmes monétaires anciens, dans la comparaison avec d'autres sociétés humaines, y compris fort éloignées de la nôtre, des invariants sur lesquels fonder les ressorts de la légitimité sociale de la monnaie. C'est ce que font Aglietta et Orléan [32] en considérant les forces de polarisation et de fractionnement qui président selon eux à l'institution monétaire. Considérant que ces deux forces dynamiques traversent les sociétés de marché, ils défendent l'idée selon laquelle la monnaie polarise ces tensions duales ; c'est ce qui expliquerait l'ambivalence de la monnaie : instrument d'énumération sociale des désirs individuels et objet de toutes les convoitises, ou encore bien collectif en tant qu'unité de compte et instrument de circulation et source de pouvoir privé en tant que réserve de valeur. La justification *logique* – et non pas historique – de la monnaie tiendrait alors, selon eux, au mimétisme des agents : pour former une société marchande d'individus, il faut un lien commun et ce lien prend la forme d'un besoin de reconnaissance par autrui. Il se traduit par la recherche de ce que les autres recherchent, c'est-à-dire la richesse, celle-ci étant – c'est là l'originalité de cette piste de réflexion – la liquidité, c'est-à-dire la monnaie par excellence. Dès lors, la liquidité, c'est-à-dire « ce que les autres désirent absolument [33] », est définie de manière *autoréférentielle* et la monnaie est ce qui émerge de ce processus de convergence mimétique, qui produit les bases de la confiance. Dans cette perspective, la politique monétaire peut être repensée bien au-delà de la simple question de savoir quelle est la bonne quantité de monnaie à mettre à disposition des agents, car elle a pour tâche de garantir la confiance dans l'unité de compte.

Pour stimulante intellectuellement que puisse être cette approche, elle n'échappe pourtant pas au doute : si la monnaie n'est pas un objet économique – c'est pourquoi la théorie économique ne parvient ni à lui donner un véritable rôle ni à justifier sa nécessité dans une société marchande –, et si toute théorie de la monnaie est nécessairement extra-économique – parce que la monnaie est un condensé, presque un précipité de la société et de ses principes de cohésion –, quel sens y a-t-il à vouloir fonder logiquement sa raison d'être dans une société marchande ? En d'autres termes, la quête d'une justification logique de la monnaie semble vouée à remonter indéfiniment l'échelle des conditions ou des causes nécessaires : pourquoi la monnaie est-elle nécessaire ? Pourquoi les agents ont-ils besoin de protection ? Pourquoi leur besoin de protection s'exprime-t-il dans la reconnaissance des autres ? Pourquoi la monnaie est-elle par excellence ce que les autres désirent ? Finalement, la recherche d'une origine logique de la monnaie revient peut-être ni plus ni moins à chercher à justifier le besoin de reconnaissance d'autrui. N'est-ce pas aussi vaste et insaisissable que de chercher à justifier l'origine du langage ou, plus justement ici, l'origine du décompte ?

Chapitre 3

Politiques de l'argent

« Que dire de la femme d'un usurier qui n'a pas d'autres ressources que celles tirées de l'usure. Doit-elle le quitter à cause de son incorrigible fornication spirituelle ou rester avec lui et vivre de l'argent usuraire [1] ? »

Thomas de Chobham

Formidable invention langagière que celle de « fornication spirituelle » à propos de l'argent. Parce que, en un sens, elle dit tout de sa vérité, à savoir qu'il est à la fois jouissance et esprit, et en un autre, tout de sa moralité, à savoir qu'il n'y a pas de bon rapport avec l'argent, puisque aujourd'hui presque plus personne ne peut croire en une telle notion de « fornication spirituelle ». La morale tourne ainsi en rond dès qu'elle se confronte à l'argent : elle en critique la fausse valeur, ses puissances d'illusion comme de corruption, l'amour qu'on lui porte comme la haine trop simpliste qu'on lui voue mais, pour en venir à le réhabiliter, tout en prétendant n'être pas dupe de ses effets les plus délétères, et donc finir par rechercher sans fin un juste milieu introuvable. À le considérer ainsi d'un strict point de vue moral, nul ne semble en mesure de l'extraire de son équivocité fondamentale. C'est un gage apparent de sécurité et d'indépendance mais qui se transforme sans cesse en dépendance et en danger de mille sortes dès qu'on s'y attache un peu trop. C'est un signe de puissance mais qui manifeste bien souvent l'impuissance des âmes qui en sont possédées. C'est un facteur majeur d'individualisation mais qui se retourne sans cesse contre l'individualisme, reproduisant tantôt des classes, voire des castes, tantôt des consommateurs homogènes et sans singularité, c'est-à-dire les deux morts de l'individu : la logique tribale et la logique de l'homogène. C'est un lien social qui marque à la fois une appartenance commune et une exigence d'échange ou de circulation, mais qui dans ses usages concrets tend sans cesse à se défaire comme lien : poussant les pauvres au repli, les riches à la sécession, les classes moyennes au racisme et au fascisme. Et c'est encore un tabou ridicule et hypocrite mais qui vire à l'obscène dès que brisé, jusqu'au point où l'on ne sait plus très bien qui sont les plus indécents entre ceux qui sont incapables de parler d'argent face à ceux qui en ont tant besoin et ceux qui n'ont que ce mot à la bouche. En somme, bien que l'argent en appelle sans répit à la morale, il n'y a pas de vérité morale de l'argent parce qu'il déborde le questionnement éthique en amont comme en aval ; il en est à la fois sa condition (pas d'individus potentiellement moraux sans argent qui les individualise) et son hors-champ (pas de morale là où tout n'est plus que jeu).

On s'est donc tourné vers la science économique, mais en vérité elle ne sait sans doute pas davantage qu'en faire. Pour la théorie libérale standard, la monnaie est un voile qu'il faut lever au plus vite en théorie pour comprendre les véritables échanges et qu'il faut neutraliser au plus vite en pratique pour ne pas rompre l'ordre spontané du marché. On pourrait dire que c'est un voile qui colle un peu trop à la peau. Quant aux théories non standard, à maints égards les plus intéressantes puisqu'elles seules prennent véritablement au sérieux la question de la monnaie, elles ne semblent guère davantage apporter de réponse, au moins en tant que science autonome. Car chercher à poser la monnaie comme réalité fondamentale du fonctionnement économique oblige en vérité à sortir du champ propre de l'économie : il exige une science plus vaste. Mais quelle science pourrait alors s'articuler librement avec l'économie ? On l'a tenté avec la psychologie ou la philosophie psychologisante : la monnaie doit se comprendre comme « violence mimétique », cette « chose cachée depuis la fondation du monde », comme dit René Girard, et qui veut qu'on ne désire une chose que parce qu'un autre la désire, qui veut que le désir soit d'essence triangulaire. Mais un tel appel à la psychologie est équivoque puisqu'on ne sait toujours pas alors si la monnaie exprime cette essence triangulaire, et donc violente (rivalité, lutte à mort), du désir ou la fonde. On l'a tenté avec l'anthropologie, en disant que la monnaie exprime cette « dette de vie » fondamentale, qui lie l'ensemble des membres d'une société à son origine inconnue. Mais on retombe alors dans l'équivoque : la monnaie est-elle principe d'effacement ou d'infinitisation de cette dette ? On l'a tenté encore avec la science politique : la monnaie exprime l'imposition d'une souveraineté politique sur une société particulière. Mais on ne sort pas davantage de l'équivoque : cette souveraineté se manifeste-t-elle ou se réalise-t-elle dans la circulation de « sa » monnaie ? Autrement dit, s'agit-il par là de réhabiliter les politiques monétaires d'antan, la puissance souveraine faisant ce qu'elle veut de sa réalisation, ou simplement de montrer que la monnaie demeure une convention politique, même dans le refus de toute politique monétaire ? Et on le tente encore aujourd'hui avec les nouvelles sciences, neurosciences ou cognitivisme, mais il est probable qu'on ne sorte pas plus de l'équivoque, tant risque toujours de jouer le même principe épistémologique : tout appel d'une science à une autre science pour fonder ses premiers principes est à terme non pas fécond mais hémorragique ou aporétique. En bref, il n'y a peut-être pas davantage de vérité économique de l'argent (ou de la monnaie) qu'il n'y a de vérité morale : l'argent n'a pas plus d'essence instrumentale ou technique qu'il n'est l'objet d'un bon rapport possible. Il excède toute saisie positive et fixe.

Toutefois, un tel parcours à travers d'une part les morales philosophiques et religieuses, et d'autre part les sciences économiques, les ritournelles des unes renvoyant comme en miroir aux apories des autres, ne fut sans doute pas tout à fait vain. Au moins dans la mesure où il nous permet de mieux fonder notre hypothèse initiale : l'argent ressortit essentiellement à un questionnement non pas moral ou économique, mais politique. Au sens où il n'est au-delà ni de la morale ni des sciences économiques, mais exactement entre les deux : nouage irréductible entre l'intime et l'échange social, entre l'individuel et le collectif, entre les passions les plus singulières (ou les plus pathologiques) et l'organisation la plus commune de la vie économique. Si l'argent échappe aux prises de la morale comme de l'économie, c'est parce qu'il n'a de sens qu'à unir les deux : il fait des individus capables d'en user plus ou moins bien à travers une certaine maîtrise de leur jouissance dans le temps même où il s'investit dans des circuits d'échange, de production et de consommation qui les nient comme individus singuliers et jouisseurs, les faisant simples agents d'un système qui les dépasse.

Dans cette perspective, il ne faut pas entendre ici « politique » uniquement comme la science d'un bon art de gouverner ou de prendre et de conserver le pouvoir. Une telle politique est radicalement insuffisante, nous allons le voir, à la fois parce qu'elle manque et la nature véritable de l'argent et la prise sur l'intime qui le caractérise et qui échappera toujours en partie à toute politique venue d'en haut. Il s'agit donc plutôt de soutenir que la politique de l'argent se préoccupe d'un lien *qui relie des sphères tendant à s'exclure mutuellement*. Autrement dit, la morale comme l'économie ne disent pas que des choses fausses quant à l'argent : elles nomment seulement des vérités qui demeurent impuissantes tant qu'elles ne parviennent pas à s'articuler l'une à l'autre, en obligeant à reconnaître à la fois le caractère moral de toute économie de l'argent, et le caractère économique de toute morale de l'argent. En ce sens, « politique » ne nomme ici ni une morale ni une science, mais un art de la problématisation : l'art de nouer et de dénouer ce que l'on peut maîtriser à ce qui nous échappe.

Il ne s'agit donc pas du tout de politique monétaire au sens où on l'entend couramment, c'est-à-dire de politique de régulation de la création monétaire (et éventuellement de défense d'une certaine parité de la monnaie) menée par la banque centrale. Car d'une part, une politique de l'argent ne vise pas en premier lieu la création de monnaie mais bien davantage ses usages ; et d'autre part, elle implique de prendre en considération les multiples dimensions sociales de la monnaie, c'est-à-dire de traiter de l'argent. L'argent comme instrument du commerce, mais aussi revenu, impôt, objet de manque, médium de la « consumation » comme dit Bataille, etc. Or une même politique monétaire, par exemple celle visant à tout prix à limiter l'inflation, peut être menée dans le cadre de sociétés fort différentes : de l'Allemagne des années 1950 fondatrice de la *Mitbestimmung* (la représentation des salariés au conseil d'administration des sociétés) à la zone euro des années 2000, où la rigueur salariale est devenue la norme. En d'autres termes, une politique de l'argent ne se réduit pas aux débats de politique monétaire, mais pourrait les prendre en considération dans une perspective plus vaste.

Ne dire que cela, ce n'est toutefois encore rien dire. Car on ne peut pas se payer de mots : s'il n'existe pas une et une seule bonne politique de l'argent, il n'en existe pas moins une pluralité de positions politiques qui peuvent permettre de construire ou de préserver une relation vivante avec l'argent ; « vivante », c'est-à-dire qui ne soit ni définitive, ni explicative, mais *inventive*. Sans cela, il ne s'agit plus d'une réalité politique mais d'une réalité purement spéculative : qu'on ne peut ni vérifier ni expérimenter concrètement. Défendre donc que la vérité de l'argent n'est ni morale ni économique, mais politique, c'est soutenir que l'argent est d'abord une exigence d'invention collective. Inventer, ce n'est pas découvrir : il n'y a pas de vérité de l'argent et de notre rapport avec lui, il n'y a rien à découvrir ou dévoiler de ce qui aurait de toute éternité existé caché, voilé, recouvert, en attente d'être su. Ce n'est pas non plus créer : l'humanité n'a jamais su créer un sain rapport avec l'argent, les sociétés sans argent, ou plus exactement les sociétés dans lesquelles l'argent se réduit à un pur rôle cérémoniel, ne valant au quotidien peut-être guère mieux que les sociétés d'argent – l'enfer du don est symétrique à l'enfer d'un marché où tout se monnaye. Inventer, c'est toujours bricoler entre des processus disjoints, les connecter les uns aux autres, faire qu'ils puissent « marcher » ensemble à défaut de s'unifier.

Nous voici donc devant une double tâche, non plus critique, mais constituante. D'un côté une tâche théorique : en quel sens précisément l'argent est-il le lieu à la fois d'un nouage et d'un bricolage proprement politiques ? Et une tâche pratique : en quoi pourrait consister un tel bricolage au lieu même de ce nœud politique qu'est l'argent ? En quoi pourrait consister une telle politique inventive de l'argent, mêlant l'intime et le public, la morale et l'économique, donc nécessairement plurielle, hétérogène, collective et ainsi limitée mais efficace ? Commençons par la première qui s'annonce ardue. Refonder en effet une théorie de l'argent à partir des impasses morales et économiques n'est pas chose aisée à une époque où les politiques semblent ne plus savoir suivre que ces deux voies, quand ils ne se soumettent pas purement et simplement aux purs diktats de l'opinion publique et du marché électoral.

Théorie politique de l'argent

Un nouveau *Discours de la servitude volontaire* serait aujourd'hui à réécrire. Il ne périmerait pas le chef-d'œuvre de La Boétie mais le compléterait utilement. Il décrirait non plus seulement la lâcheté et l'impuissance *voulue* du plus grand nombre qui accepte de céder le pouvoir à quelques-uns alors même qu'il lui appartient et de droit et surtout de fait ; mais il dirait tout autant la veulerie et la servitude volontaire de prétendus représentants du peuple qui abandonnent tout effort de réflexion, d'imagination et même de décision à d'encore moins nombreux : prétendus experts, prêtres, idéologues, communicants. On pourrait parier alors que la question de l'argent en constituerait le point d'orgue. Car s'il ne constitue pas nécessairement le nerf de la guerre, il est évidemment et presque toujours le nerf de la paix, sinon internationale, du moins civile et sociale. Or une telle paix, tissée de certitudes, d'incertitudes, de symbolique, d'abondance imaginaire et de manque réel, de désirs harmonieux et de besoins contradictoires, personne n'en a les clés une fois pour toutes. Les moralistes sérieux comme les économistes sérieux ne cessent de le répéter : les solutions sont politiques, la morale et l'économie ne pouvant offrir au mieux que des alternatives entre lesquelles il reste à trancher. Mais il semble bien qu'il n'y ait plus personne dans le monde politique pour trancher pour de bon, pour avoir le courage de décider et de s'y tenir – en témoignent tout récemment aussi bien la faiblesse, au mieux égoïste au pire raciste, de la réponse européenne à la crise grecque que le compromis que Barack Obama a pu passer avec les Républicains pour sauver les

États-Unis du défaut de paiement et qui a, en vérité, moins les allures d'un compromis que d'une véritable abdication. Car vouloir que le peuple grec paye pratiquement seul l'incurie quasi séculaire de ses dirigeants – rendue possible par le silence hypocrite des dirigeants européens –, tout comme accepter de réduire le déficit budgétaire américain seulement par des coupes budgétaires et sans aucune augmentation d'impôts, apparaît bien comme le signe d'une servitude nouvelle des classes politiques occidentales. Servitude qui est effectivement propre aux seules sociétés capitalistes modernes et qui a pu prendre différents noms : mur de l'argent, contrainte extérieure, ou aujourd'hui dictature des marchés.

Admettons que cette nouvelle servitude ne fasse pas de doute. Le problème, toutefois, serait encore d'en comprendre la nature exacte. On a dit « incurie » et l'on aimerait ajouter « irresponsabilité » ou « incompétence » de nos gouvernants, mais si l'on admet cela, on n'est pas loin de se contredire. Car user de tels qualificatifs suppose encore qu'il existerait au fond une politique juste de l'argent, connue par les savants ou au moins par certains d'entre eux, ce que pourtant nous récusons : la juste conduite de l'argent ne relève d'aucune vérité positive. De même, parler d'égoïsme, de racisme, ou de lâcheté à propos de nos dirigeants actuels, c'est-à-dire se situer dans un registre essentiellement moral, ne va pas non plus. Car s'il est certain que cette servitude des gouvernants à l'égard des puissances de l'argent est *nouvelle*, il serait bien difficile de prouver que cette servitude est moins morale. Comment en effet procédaient les États anciens face à un déficit budgétaire ou un manque d'argent chronique ? Outre qu'ils abusaient dans les grandes largeurs, et souvent aux dépens mêmes de leur économie, de leur droit régalien de battre monnaie, ils n'hésitaient pas à faire appel à des moyens plus souverains encore : organiser des guerres de pure rapine, comme celle des barons du Nord contre les comtes de Toulouse sous couvert de croisade contre les Cathares ; égorger les templiers et récupérer leur trésor ; chasser les juifs et confisquer leurs biens ; aller piller les Amériques de leur or et de leur argent ; envoyer dans les camps quelques millions de koulaks. On comprend qu'aujourd'hui une telle absence de servitude puisse en laisser certains rêveurs. Si après la crise dite des *subprimes* de 2007-2008 on avait suspendu à des crocs de boucher un certain nombre de *traders*, de banquiers et d'agents de notation, peut-être aurions-nous évité pour un temps la crise grecque comme les pressions brutales des militants du *Tea Party* américain. Mais aurait-ce été bien moral ? Et même seulement efficace à terme ? En général, toutes les périodes de l'histoire où la force et la souveraine rapine ont primé le travail et l'échange légal ne furent guère des périodes d'incandescence morale ni de prospérité économique, sans même parler des expériences totalitaires.

Pour sortir de cette aporie, il faut donc prendre le problème autrement. Sortir, au moins un moment, de toute perspective morale ou économique, et accepter la nature proprement politique de l'argent. Si nos dirigeants politiques sont aussi navrants, ce n'est ni par incompétence économique ni par lâcheté morale, en tout cas, pas principalement, mais d'abord parce qu'ils n'ont pas compris cette ontologie politique de l'argent, c'est-à-dire, déjà très simplement, le fait que la réalité de l'argent relève avant tout de la politique en un sens extensif et moderne. C'est cette ontologie qu'il nous faut donc d'abord essayer de décrire.

Une autre politique

Si l'argent est de nature essentiellement politique, que faut-il entendre exactement par *politique* dans l'idée d'une politique de l'argent ? Notre hypothèse est la suivante : si la notion d'« économie politique » chère aux classiques, de Smith et Ricardo à Marx, qui portait l'évidence d'une nature proprement politique de l'économie, est aujourd'hui si dévaluée autant parmi les économistes que parmi les politiques, ce n'est pas seulement dû aux multiples échecs des économies dirigistes, mais d'abord au fait que la notion de politique qu'elle charrie était dès le départ trop clivée, trop technicienne et trop aveugle sur la question propre de l'argent, aussi bien dans le champ du débat public – qui exige une conception davantage prescriptive du politique – que dans le champ du débat savant – qui aimerait souvent se débarrasser de toute allusion à une politique qui risquerait de mettre en danger l'idée même de neutralité scientifique.

L'idée d'économie politique, au sens des classiques, signifie en effet la science descriptive de la création et de la répartition des richesses. Des richesses et non de l'argent : celui-ci est d'emblée réduit au rang d'instrument de mesure et de compte. Ce qui a deux conséquences importantes. D'une part, la politique prend alors un sens fort et original, mais flou : elle désigne l'intuition vague que la structure économique est d'abord une structure sociale qui institue un nouveau corps politique distinct et des corps organiques des individus et des corps symboliques antérieurs fondés jusque-là par la royauté, la constitution républicaine ou la religion. Mais la texture de ce nouveau corps, l'argent, n'est pas encore nommée, ni comprise : l'argent n'est pris que pour le vêtement ou le voile alors qu'il en constitue la substance même. Du même coup, on se retrouve devant le paradoxe suivant : l'économie politique désigne théoriquement une nouvelle manière, bien plus concrète, d'appréhender le lien social, renvoyé à l'immanence des échanges concrets interindividuels ou à son auto-institution en deçà de tout Dieu, de toute communauté nationale et de tout État, c'est-à-dire de toute unité symbolique transcendant les intérêts particuliers ; mais, pratiquement, cette nouvelle manière ne peut se nommer que symboliquement et abstraitement : comme système de la production, de la consommation et de la circulation.

D'autre part, la politique de l'économie politique a fini par jouer le rôle de science normative de la bonne administration ou gestion des questions économiques au seul usage des gouvernants. Ce n'est plus la politique au sens de lien social, d'appartenance à une cité commune, mais la politique au sens d'actions que doivent mener les États pour assurer la bonne santé de leur économie. Car si l'économie constitue le nouveau corps politique ou la nouvelle structure sociale de nos sociétés modernes, c'est toute la politique qui est reversée du côté de la simple administration des corps et des âmes par les gouvernants. Du coup, le mal est fait et il est double. D'abord, la question politique de l'argent, c'est-à-dire en vérité la question de l'unité de la société, se trouve désarticulée entre une multiplicité de questions politiques distinctes : politiques commerciale, fiscale, monétaire, budgétaire, industrielle, sociale, environnementale, étrangère... Et ensuite, la séparation de la politique monétaire elle-même des autres questions politiques conduit, et de tous les points de vue, à un appauvrissement considérable de la pensée et de l'imagination politiques. Du point de vue de la politique monétaire proprement dite, c'est-à-dire de la régulation de la création monétaire, il n'y a plus rien à penser ni à imaginer, mais seulement à trancher, au mieux pragmatiquement au pire idéologiquement, au sein d'une alternative prédonnée : juguler l'inflation ou lui lâcher un peu la bride pour réduire les dettes privées et souveraines. Cela n'est pas sans enjeux ni conséquences, mais une alternative gestionnaire ne peut pas constituer une question politique qui donne à penser et concerne tout le monde.

Symétriquement, du point de vue des politiques budgétaires et fiscales, c'est-à-dire du point de vue de la question de la redistribution des richesses, la politique s'appauvrit tout autant, se réduisant là aussi à de simples alternatives : diminuer les dépenses de l'État ou augmenter les impôts ; rémunérer davantage le travail ou le capital ; prendre aux riches pour donner aux pauvres (primauté des impôts progressifs) ou prendre aux pauvres pour donner aux riches (primauté des *flat taxes*). Bref, le degré un de la pensée politique, ni nul et sans enjeu ni intéressant. Ce qui s'explique facilement : si l'argent est bien le lien social primordial de nos sociétés modernes, il est logique qu'à en forclore la question dans des débats d'experts, celle-ci fasse retour de la manière la plus impensée dans le débat public sous forme d'exclusives revendications monétaires, loin de toute question autrement plus intéressante en termes de conditions de travail, de partage humain (de sens du travail, de choix de la nature de la production, de stratégie de conversion à une production écologique, de temps de la vie en société), etc. Par exemple, au lieu de débattre des usages de l'énergie, de leurs possibles modifications sans perte sensible de bien-être, de l'évaluation des besoins incompressibles et des voies d'une plus grande sobriété pour les autres, nos sociétés finissent par ne traiter d'enjeu écologique qu'en termes de coûts [2] :

Combien peut-on allouer à la conversion écologique, sans déséquilibrer les comptes publics ? Quelle taxe envisager pour inciter à des comportements moins polluants sans handicaper les industries productrices ? Quelles mesures l'État doit-il prendre pour respecter les objectifs conseillés par le GIEC en matière de réchauffement climatique ?

Enfin, du point de vue des représentations les plus générales de l'action politique, l'exclusion et la spécialisation de la question de l'argent ont considérablement renforcé l'enfermement de la pensée politique moderne dans des alternatives désastreuses : entre réforme et révolution, souverainisme et libéralisme, modération et radicalité, consensus et dissensus, productivisme et anti-productivisme. Alternatives doublement « désastreuses », puisque d'une part elles empêchent de penser la véritable nature politique de l'argent, le reléguant au rang d'instrument utile, nuisible ou neutre, et que d'autre part elles s'avèrent aussi inefficaces les unes que les autres précisément parce qu'elles sont sans prise sur ce qu'elles ne comprennent pas.

Si l'argent est en effet une réalité politique, avant d'être un instrument économique ou une question de morale privée, il ne peut ressortir à aucune politique révolutionnaire qui promettrait une société sans argent ; mais il ne peut non plus ressortir à aucune politique réformiste puisqu'il en constitue justement le socle ou la structure fondamentale. C'est une réalité souveraine qui ne s'actualise que dans le libre usage de chacun, donc au plus loin de tout pouvoir souverain. De même, il exige un consensus ou une confiance commune première qui assure sa libre circulation, mais celle-ci ne peut cesser de produire du dissensus puisque l'argent ne circule jamais avec la même liberté entre toutes les mains. D'où le manque de pertinence des catégories de radicalité et de modération : toute politique modérée pour les uns – tel taux d'imposition, telle redistribution – apparaîtra radicale pour les autres [a]. D'où, encore, le manque de pertinence de l'opposition

a Ainsi en est-il du débat sur la fiscalité : alors que pour les uns le plus haut taux marginal d'impôt sur le revenu pourrait être de 80 %, comme c'était le cas aux États-Unis après le *New Deal*, pour les autres, une telle mesure

entre productivisme et antiproductivisme tant l'argent brouille en réalité les appartenances : la spéculation financière est à maints égards antiproductiviste, détruisant des pans entiers de l'appareil productif, tandis que le tiers secteur et l'économie solidaire sont souvent dans les faits fort productivistes, exigeant de leurs salariés ou de leurs bénévoles une activité et une productivité extrêmes.

Si l'on veut donc véritablement penser la nature politique de l'argent, il faut changer radicalement de catégories. Qu'est-ce qui dans l'argent est politique et fait politique ? Au moins quatre dimensions :

Communauté ouverte. Dans nos sociétés modernes, l'argent a modifié radicalement le sens grec de *bios politiké* (qui désigne la « vie dans la cité »), mais ne l'a pas aboli. Ce qui change, c'est seulement que la communauté citoyenne s'est ouverte à la fois vers l'intérieur (immigration) et vers l'extérieur (émigration) sans nécessairement rompre les appartenances nationales ou territoriales anciennes – par exemple, dans les faits, les 300 000 Français vivant à Londres sont davantage des citoyens londoniens, liés à la livre, que des citoyens français, liés à l'euro. Ainsi, la communauté citoyenne moderne ne se définit plus par la langue ou le lignage, comme à Athènes, ou par la reconnaissance d'une unique puissance souveraine, comme à Rome, mais par la possession et l'échange monétaires. Et son idéal commun n'est plus un idéal d'autarcie et d'autonomie, mais un idéal d'échange et de circulation. L'idée même de communauté citoyenne, de *koinonia*, demeure toutefois car partager une même monnaie, c'est partager à la fois une même communauté d'avantages et une même communauté de destin : l'argent voue des groupes humains entiers et disparates à vivre ensemble, pour le meilleur et pour le pire [a]. Si l'argent est donc aujourd'hui le premier, et

---

relève d'une mollesse réformiste à laquelle il faudrait substituer un maximum légal de revenu et de patrimoine.

a En témoigne l'histoire monétaire de l'Allemagne depuis l'hyperinflation de 1923 : souvenir traumatique non seulement pour une génération, mais aussi pour celles qui l'ont suivie, à tel point que la lutte contre l'inflation s'est imposée dans l'après-guerre comme l'objectif premier de

peut-être en un sens le dernier, marqueur d'appartenance à une communauté politique, si appartenir à une communauté politique, c'est user régulièrement d'une même monnaie, il n'y a pas de sens à concevoir – comme pour l'euro – de distinction tenable à long terme entre territoire, pouvoir politique et argent : l'argent crée son territoire et son pouvoir ou est appelé à disparaître. C'est bien en ce sens qu'il faut parler encore de communauté politique et non simplement de société ou d'État. Car l'argent a cet étrange pouvoir de faire communauté au lieu même où il distend ou dissout les liens sociétaux, unifiant les forces les plus antagonistes dans une même confiance et une défense de l'euro, du dollar ou du yen. De même qu'il produit des institutions étatiques ou paraétatiques au lieu même où il les déborde et les contraint. Communauté terrifiante qui broie les appartenances nationales, les provenances territoriales, les lignées et les alliances. Mais aussi communauté pleine de promesses puisque ouvrant la voie à une citoyenneté quelconque, anonyme, sans origines et en déplacement perpétuel, ne partageant que le mouvement.

Hétérogénéité sans unité extérieure. L'argent a ouvert la cité antique à l'hétérogène et au disparate. En un sens, ce fut déjà le cas avec l'Empire romain quand n'importe quel barbare, de n'importe quelle ethnie, pouvait devenir citoyen romain, voire empereur. Mais cette hétérogénéité pouvait encore tenir ensemble justement parce qu'elle était réunie sous l'unité supérieure de l'État impérial. Au contraire, le propre de nos cités modernes est de présenter une hétérogénéité sans unité supérieure ou extérieure : appartiennent aux grandes cités-monde tous ceux qui usent de l'argent quels qu'en soient l'origine, la couleur de peau, le métier, la sexualité. Ou plus précisément il faudrait dire que nos cités modernes fonctionnent suivant un *double régime d'hétérogénéité* : d'une part, en homogénéisant les pratiques,

---

la toute nouvelle Bundesbank. Mais souvenir honteux aussi, d'une Reichsbank qui s'est mise au service du parti nazi lors de son accession au pouvoir en 1933, au point que l'indépendance de la Banque centrale a été pour la RFA une condition intangible lors de la constitution de l'Union économique et monétaire.

toutes réduites à un même équivalent monétaire, elles préservent l'hétérogénéité des cultures, des valeurs, des identités – on peut bien être n'importe qui, tant qu'on communique avec le même argent ; d'autre part, en distribuant l'argent de manière inégale, elles produisent une hétérogénéité inédite et radicale entre riches et pauvres, comme entre *insiders* et *outsiders*, puisque celle-ci n'est même plus tempérée par une transcendance commune (Dieu, le roi, la loi) [a]. D'où l'ambiguïté radicale de l'argent : c'est un équivalent général qui, en rendant les biens comme les personnes commensurables, non seulement homogénéise autant qu'il « hétérogénéise », mais surtout produit, et reproduit sans cesse, ce double processus contradictoire d'un même geste. D'où l'ambiguïté corollaire et inévitable de toute politique de l'argent, qui ne peut plus s'appuyer sur des principes inconditionnés ou au moins stables : des sociétés fluides ou processuelles exigent des modes de gouvernementalité eux-mêmes fluides et processuels. On ne peut même plus rêver d'une quelconque transparence d'un Bien commun.

Nouage. Si les cités modernes peuvent tenir sans unité transcendante et souveraine, c'est parce que l'argent ne se contente pas de faire coexister l'hétérogène, il le *noue*, c'est-à-dire qu'il fait tenir ensemble le différent, il produit une unité immanente du disparate. L'antique ligature religieuse liait l'ensemble des citoyens par un rituel commun, une loi commune ou une foi commune, c'est-à-dire un nouage de l'intime et du commun ; l'antique *polis* liait les citoyens par une souveraineté commune qui faisait dépendre la subjectivité de chacun de son appartenance à une même communauté politique ; et ces deux nœuds se nouaient l'un dans l'autre dans ce qu'on appelait le « nœud

a Cette hétérogénéité sans transcendance se manifeste dans le champ économique par l'idée libérale d'autorégulation : pour ceux qui y souscrivent, dont nous ne sommes pas, l'autorégulation marchande permet de faire tenir ensemble à la fois la multiplicité des offres et demandes individuelles et l'idée d'un ordre, mais qui ne leur soit pas supérieur ; elle n'agit pas en surplomb des individus, supposés potentiellement tous différents, mais les noue les uns aux autres sans hiérarchie aucune.

théologico-politique » : les Dieux ou le Dieu fondaient le bon droit de la cité temporelle et la cité temporelle assurait la permanence pratique de ce lien religieux. Le paradoxe de nos cités modernes est que ces trois nœuds n'ont pas disparu mais se sont desserrés et n'en constituent plus les nœuds fondamentaux et constitutifs. C'est l'argent qui a pris leur rôle de nœud ou de socle fondamental. À la manière de la religion, il noue l'intime et le public puisque par l'argent à la fois j'affirme mon appartenance à une même communauté de pratique et de confiance et j'assure mon salut individuel. À la manière de la souveraineté ancienne de la *polis*, il noue le pouvoir commun et les subjectivations particulières : plus j'ai d'argent, plus je me rapproche des institutions de pouvoir et inversement. À la manière du nœud théologico-politique, il inscrit la politique dans un cercle [a] : un État n'est souverain, de même qu'un individu n'est libre, qu'autant qu'il a des finances saines ; mais avoir des finances saines suppose une souveraineté antécédente qui assure une reconnaissance et une confiance communes. Et, dans les trois cas, il s'agit toujours d'un nœud en partie pacifiant, puisque assurant matériellement la coexistence des libertés, et en partie sanglant, puisque étranglant aujourd'hui le chômeur ou le *poor worker* comme il étranglait autrefois le mauvais citoyen ou le pécheur. C'est un nœud qui crée autant de consensus que de dissensus fondamentaux entre financiers et représentants politiques comme autrefois entre le pape et le roi.

Ignorance. Chez Platon, le grand paradigme du politique, c'est-à-dire son modèle à la fois idéal et pratique, était le paradigme du tissage et du bon tisserand : le bon politique devait savoir

---

a Quelques exemples, dans nos sociétés capitalistes, de ces trois nœuds (religieux, souverainiste et théologico-politique) : la consommation comme pulsion entrelace le désir de jouissance individuelle à la vertu de la participation à la société de consommation, la richesse comme moyen d'accéder à la représentation politique parce qu'elle offre une reconnaissance préalable à tout engagement pour le bien commun en même temps qu'elle est censée traduire une situation individuelle de réussite, la concurrence fiscale comme débat circulaire dès lors qu'en y participant l'État prend le risque de voir ses recettes diminuer mais aussi de les augmenter, selon ce que feront ses partenaires commerciaux.

tisser les hommes ensemble. Il y avait donc une science et un art du politique comme il y a une science et un art du tissage. Mais l'argent renverse complètement un tel modèle puisqu'il s'agit moins d'apprendre à tisser les hommes ensemble – par les dettes, par les salaires, par la distribution patrimoniale inégale, ils sont déjà tout noués les uns contre les autres aux deux sens du mot « contre » – que d'apprendre à les dénouer, à donner un peu d'air autant aux pauvres étranglés par le manque d'argent qu'aux riches étouffés par une abondance sans manque, sans trou, sans principe de réalité. Or, s'il existe bien une science ancestrale des nœuds et du nouage, il n'existe pas « une » science du dé-nouage, tous les pêcheurs le savent : c'est une affaire de coup d'œil et de patience, de trucs et de chance, d'habileté et de calcul du temps – tantôt cela vaut la peine de passer son temps à dénouer quelques nœuds pour sauver une ligne, tantôt « on aura meilleur temps de tout couper et de remonter une nouvelle ligne ». Mais c'est justement en ce sens qu'on touche à la nature essentiellement politique de l'argent : l'argent est d'abord justiciable d'une lecture politique, et non morale ou économique, parce qu'on ne peut le penser que sous condition d'ignorance. C'est cela d'abord, la politique : non pas décider en situation d'exception, suivant la définition schmittienne de la souveraineté, mais agir sous condition d'ignorance, c'est-à-dire dans l'incertitude des effets exacts de son action. Et l'argent s'applique pleinement à une telle définition tant il ne constitue ni un bien, ni un mal, ni un instrument neutre : c'est le nœud primordial et indémêlable, ou plus exactement démêlable à l'infini, de sociétés sans Dieu commun et multinationales.

Voilà donc, au moins en première approximation, ce que signifie la nature politique de l'argent : *l'argent est le nouage commun de l'hétérogène sous condition d'ignorance relative*. Ce qui, en mots barbares, exprime, une fois encore, l'idée assez simple qu'il faut redéfinir l'ensemble de nos catégories politiques si l'on veut pouvoir continuer à penser des sociétés qui ne reposent plus que sur la circulation d'argent. Penser non plus en termes de tissage ou de « lien social » à constituer, mais de nœuds à dénouer ; non plus en termes de principes ou de ressemblances ne pouvant fonder que des communautés closes, mais en termes de communautés d'emblée et à jamais ouvertes et hétérogènes ; non plus en termes de programmes et de lignes directrices, mais en termes d'adaptation, de déplacement, de dissémination, d'accompagnement des flux et des coupures.

Réel et fantasme : les deux corps de l'argent

L'argent, et non plus le droit et la souveraineté étatique, constituerait donc le nouveau corps politique de nos sociétés modernes. Mais de quel corps s'agit-il plus précisément ? L'ancienne métaphore d'un « corps politique » a une histoire longue et compliquée qu'il est impossible de tenter de débrouiller ici. Sommairement, on peut rappeler au moins que c'était essentiellement une métaphore en charge d'exhiber la nature singulière du souverain, c'est-à-dire de l'unité impartagée de la puissance publique dans une société donnée. On peut distinguer au moins trois sortes de métaphores différentes pour notre propos : une juridique, une tératologique et une organiciste.

La première métaphore est sans doute la plus intéressante en soi, mais aussi la plus problématique pour notre propos. C'est celle du corps double du roi. Kantorowicz a étudié avec force cette étrange fiction théologico-juridique qui en un sens remonte à l'Antiquité, mais qui en un autre plus précis est d'abord l'invention de juristes anglais renaissants visant à fonder en droit la pérennité et la continuité de la monarchie souveraine : le roi aurait deux corps, l'un naturel et mortel, l'autre divin et qui « ne meurt jamais » [3]. À certains égards, c'est souvent en suivant lointainement, le sachant ou non, cette métaphore juridique que l'on conçoit aujourd'hui l'argent : quand on parle d'argent-roi ou de dieu-argent, ne dit-on pas exactement cela, que l'argent a deux corps : un corps mortel, qui s'incarne dans quelques riches personnes, et un corps divin, qui est éternel et assurera à jamais la pérennité de sociétés iniques et inégalitaires ? Le seul problème est qu'une telle métaphore appliquée à l'argent, et déliée de ses racines juridiques, n'est au mieux qu'une métaphore vide : elle nomme moins un bon droit qu'une rancœur ou un mépris moralisateur ; et, au pire, une métaphore fausse tant le propre du corps politique de l'argent est justement de nous gouverner sans avoir besoin de régner – c'est un corps sans roi et sans souveraineté unique et pérenne. En ce dernier sens, s'il y a peut-être bien deux corps de l'argent, c'est nécessairement en un autre sens que les deux corps du roi [a]. Nous y reviendrons.

La seconde métaphore est moins juridique que mécanique et pourrait être qualifiée de tératologique, au sens où elle s'appuie sur l'idée que le corps de la puissance souveraine est un corps monstrueux constitué de l'ensemble des corps naturels, c'est-à-dire de la force, des sujets qui lui sont soumis. C'est notamment le cas chez Hobbes : l'État est comme Léviathan ou Béhémot, ces monstres bibliques dont le corps est gros des corps humains particuliers qu'ils ont avalés. Or, en première approximation, il est vrai que l'argent ressemble aussi à un tel monstre : il possède l'âme de ceux qui croient le posséder et ôte, sinon en droit du moins en fait, toute possibilité de résistance à ceux qui tentent de lui échapper. Le problème majeur d'une telle application de cette métaphore, à maints égards la plus souverainiste de toutes, au nouveau corps politique de l'argent est qu'elle masque la formidable puissance de dé-tissage des anciennes souverainetés étatiques que constitue l'argent : au niveau macropolitique, il est ce qui permet de nourrir tous les désirs de sécession (les Flamands, les Lombards, les Catalans en savent quelque chose), et au niveau micropolitique, il est ce qui permet de ne jamais abdiquer complètement son droit naturel et de garder la possibilité de partir voir ailleurs en « votant avec les pieds ».

En un troisième sens, organiciste et plus précisément construit à partir d'une analogie entre la société et le corps humain, le corps politique est ce corps « semblable à celui des hommes », comme disait Rousseau, où la tête symbolisait la souveraineté (royauté ou peuple en assemblée), le cœur l'Église (ou la foi), les mains et les

a Ou bien alors, il faudrait entendre par « argent-roi » quelque chose comme l'affirmation d'un corps matériel de l'argent – les pièces, les billets, les « signes extérieurs de richesse » –, qui peut prendre des formes variées, historiquement déterminées et donc mortelles, et de l'autre un corps abstrait et immuable ; quelle que soit sa forme, l'argent demeurerait le moteur ultime des sociétés humaines.

pieds, les travailleurs ou les guerriers, et les finances, le sang, si l'on est chez les mercantilistes, ou, si l'on reste chez Rousseau, « la graisse » et « l'embonpoint » [a]. Ce dernier sens est apparemment le plus adéquat pour penser l'argent comme nouveau corps politique : l'argent ne fonde-t-il pas un circuit économique comparable aux fluides corporels qui, par capillarité, irrigue ou surcharge tout l'organisme ? Il est clair toutefois qu'une telle métaphore ne peut plus fonctionner pour décrire les sociétés d'aujourd'hui où ce sont bien moins les riches que les pauvres qui souffrent de surpoids et vont jusqu'à leur vendre leur sang ; où les machines, c'est-à-dire le capital, remplacent de plus en plus les mains des travailleurs ; où toute entreprise, au sens le plus vaste, sauf expérience autarcique limite et peu durable, suppose de l'argent à chaque étape, de sa conception à son développement ; et où, surtout, le pouvoir de création, de production et de circulation de la monnaie se trouve disséminé, non pas de manière égalitaire, mais selon une hiérarchie flottante, sur l'ensemble du corps social entre États, banques, institutions financières internationales.

Il y a toutefois un problème plus général, commun à l'ensemble de ces trois métaphores souverainistes. Car il est clair que la dimension *symbolique* de cette notion de « corps politique », c'est-à-dire sa visée de nomination à toute fin autant d'expliquer son fonctionnement que d'élever les consciences à sa dignité, ne peut pas s'appliquer à l'argent. L'argent est en effet ce langage hors langage qui, à force de pouvoir tout nommer, finit par ne nommer précisément rien d'autre que lui-même. L'argent est le contraire d'un signe *distinctif*, c'est un signe obscurcissant, plongeant dans la nuit de son équivalence l'ensemble des biens, des personnes et des valeurs, le contraire d'un symbole. On ne

---

a Voir Jean-Jacques Rousseau, *Projet de constitution pour la Corse*, Nautilus, Paris, 2000 : « Je regarde les finances comme la graisse du corps politique, qui s'engorgeant dans certains réseaux musculaires, surcharge le corps d'un embonpoint inutile et le rend plutôt lourd que fort. Je veux nourrir l'État d'un aliment plus salutaire qui s'unisse soi-même avec sa substance, qui se change en fibres, en muscles, sans engorger les vaisseaux, qui donne de la vigueur et non de la grosseur aux membres et qui renforce le corps sans l'appesantir. »

saurait donc le saisir par métaphore. S'il constitue un nouveau corps politique, ce ne peut être que sans métaphore, à même le réel ou l'imaginaire, c'est-à-dire non comme langage, mais comme protolangage inchoatif, babil ; non comme signification, mais comme indice ou trace ; non comme savoir, mais comme problème ; non comme signe d'un corps, mais comme corps effectif et comme image de ce corps.

En ce sens, il serait plutôt possible de dire que l'argent en tant que numéraire et aussi bien en tant que capital, c'est-à-dire en tant que mesure des marchandises et en tant qu'argent faisant de l'argent, constitue une étrange sorte de corps inorganique et a-symbolique. Ou encore un « corps sans organes », pour reprendre la formule étrange et un peu terrifiante d'Artaud puis de Deleuze, c'est-à-dire un corps plein et non hiérarchique réduisant à une même substance indifférenciée l'ensemble de ses activités et passivités. Dans le corps plein de l'argent, toutes les activités humaines, des plus nobles et plus généreuses aux plus basses et aux plus criminelles, se confondent. Autrement dit, si l'argent est bien corps, ou plus exactement substance corporelle indistincte, c'est parce qu'il est l'élément commun dans lequel se fond l'ensemble de la vie sociale : le travail, les loisirs, et tout autant les désirs, la volupté, la méchanceté (« je vais le faire payer »), le poids même de chacun (chacun vaut autant qu'il « pèse » en avoir monétaire ou en revenus) sans que l'on puisse jamais savoir si ce poids est fait de graisse, de muscle, de nerfs ou d'os. Ce qui ne signifie pas, et heureusement, que la vie tout entière subisse une telle réduction, mais seulement l'ensemble de la vie *politique*. En termes pratiques, penser l'argent comme nouveau corps politique suppose au minimum de renoncer à l'idée que tout serait politique, mais suppose peut-être aussi, au maximum, que le partage entre politique et a-politique est devenu à jamais problématique. C'est là notamment l'un des problèmes majeurs qui se posent dans le domaine de la culture puisque la subventionner pour la sortir du marché suppose d'être capable à la fois de la politiser radicalement (en faire un bien commun), et de la dépolitiser radicalement (puisqu'une contestation subventionnée n'est pas plus crédible qu'un art officiel suivant la « ligne de masse » fixée par le parti).

Dans tous les cas, en tant que corps politique non métaphorique, l'argent se révèle être tout le contraire du *sens* de la vie politique : il n'y a en lui aucun ordre symbolique, c'est à la fois un pur corps et une pure image, un « corps-image », sans référent particulier et dépourvu de sens, de direction et de hiérarchie naturelle. La difficulté vient de ce que ce très étrange corps inorganique s'avère justement biface, totalement réel d'un côté – c'est un corps –, totalement fantasmatique de l'autre – c'est une image, un fantasme, un leurre. L'argent est ce curieux Janus ensorcelé qui m'échappe toujours deux fois, d'une part comme pur *réel,* au sens lacanien, c'est-à-dire comme ce qui s'avère inélaborable par la conscience, ce qui me heurte et m'échappe puisque, justement, c'est du réel et pas de la vie psychique ; d'autre part comme pur *fantasme,* c'est-à-dire comme pur simulacre (de l'abondance, de la satiété, de la puissance, de la sécurité, de la volupté) qui se perd et se brise à se réaliser – si l'argent a tant de prix ce n'est pas tant pour tout ce qu'il permet d'acheter réellement que par la puissance fantasmatique de tout ce qu'il *permettrait* d'acheter, de vendre de jouir.

Que l'argent incarne, non plus comme métaphore mais comme réalité première, le corps, et qu'il l'exprime toujours de manière double : comme corps productif et comme corps voluptueux, comme besoin et comme désir, c'est la profonde hypothèse de Pierre Klossowski dans *La Monnaie vivante* – à l'origine de l'argent comme principe d'échange, on trouve le corps vivant, à la fois corps de besoin et corps de désir. Le corps est non seulement le premier objet qui peut se vendre et s'acheter (prostitution et salariat), mais surtout un objet qui, par l'argent, cesse d'être un objet pour devenir véritablement corps de chair, c'est-à-dire corps de labeur et de jouissance. Cette intuition est ainsi toute différente du lieu commun, aussi ancien que Lucien et les moralistes antiques, selon lesquels dans une société d'argent tout le monde se vend et s'achète, y compris en vitupérant contre l'argent, et donc que la prostitution est non seulement le plus vieux métier du monde mais le plus répandu. Ce que dit Klossowski, ce sont trois choses bien plus décisives :

D'abord que le premier et peut-être le dernier numéraire est le corps de jouissance. Nous vivons dans des sociétés d'argent parce que nous sommes des corps en quête de jouissance, c'est-à-dire en quête de débordement, de brûlure, de volupté *excessive*. Les philosophes comme les économistes ont peu compris l'argent, parce que, se limitant à la seule sphère des besoins et des plaisirs, ils ont refusé de penser la *jouissance* du corps, qui est tout autre chose : une morsure, un excès, un toujours plus, bref, un fantasme. Du même coup, ils ont pensé d'abord l'argent comme ajout et comme danger : danger de pervertir les consciences ou danger de perturber le juste fonctionnement de l'économie. Mais c'est l'inverse qui est vrai : l'argent est premier parce qu'il est seul à pouvoir exprimer ce qu'est un corps en quête de jouissance, de volupté excessive. Il y a argent et marché de l'argent parce qu'il y a d'abord des corps et un marché des corps en quête de jouissance. L'argent, c'est la vérité du corps livré au fantasme : chair perverse embarquée dans une recherche perpétuelle de la jouissance qui ne se soutient que de ce qu'il y a quelqu'un pour la payer. Autrement dit, plus radicalement encore que le mariage, la sexualité elle-même est bien davantage une question d'argent et de jouissance que d'amour et de plaisir.

Ensuite, s'appuyant à la fois sur Sade, Nietzsche et le mot de Stendhal (« Celle-ci trouve à se vendre qui n'aurait pas trouvé à se donner »), Klossowski montre avec force combien « l'émotion voluptueuse dans sa propre genèse n'est *nullement gratuite*, mais suppose l'appréciation, la valeur et la surenchère – donc le *prix à payer* » ; autrement dit, combien « rien n'est plus contraire à la jouissance que la gratuité ». On aurait tort d'entendre ce constat comme une critique univoque de la gratuité. Simplement, il est clair que dans nos sociétés, les zones de gratuité, zones de suspens de la jouissance, ne peuvent être que conquises et particulières : il ne peut pas plus exister de sociétés sans argent qu'il ne peut exister de sociétés sans jouissance. Plus encore, si l'on admet que tout fantasme est la satisfaction d'un désir, le fantasme de l'abondance ne peut accomplir qu'un désir né dans l'expérience de la rareté et du manque, c'est-à-dire sous la condition qu'il n'y en ait pas pour tout le monde – si le désir était d'emblée plein, sans manque, il trouverait nécessairement à se réaliser dans d'autres fantasmes. L'abondance pour tous est donc peut-être une noble idée, mais qui dit en vérité exactement l'inverse de son fantasme (non pas l'abondance pour tous, mais pour moi et aux dépens des autres). Or c'est tout le génie de l'argent que de parvenir, justement, à produire simultanément les deux : et le fantasme de l'abondance et la réalité de sa rareté ; et l'idée consciente et généreuse de sa plénitude et de son partage, et le désir inconscient de son appropriation exclusive.

Enfin, ce que montre Klossowski, c'est que l'argent a ce pouvoir proprement pervers de produire de l'inévaluable (le fantasme) à partir de son principe même d'évaluation et de commensuration, le prix. C'est parce que les choses ont un prix et sont commensurables que peut surgir le fantasme, c'est-à-dire un « hors de prix », un incommensurable, un inévaluable. Autrement dit, et bien plus profondément que les fables de la valeur, l'argent, et non le travail ou l'utilité, ne se contente pas de rendre commensurables des biens initialement incommensurables, il produit tout autant l'inverse : la création d'un inévaluable qui ne se fantasme qu'en tant qu'au-delà de la valeur de l'argent, et donc à partir d'elle. C'est bien davantage pour cela que pour des questions de droit ou d'humanité que les riches peuvent ne pas être systématiquement « égorgés », pour reprendre le mot même de Hayek, même dans des sociétés profondément inégalitaires. Ils incarnent ce fantasme de la jouissance contradictoire, donc fantasmatique, à la fois absolue et supplémentaire, qui est dans les sociétés d'argent la chose au monde la mieux partagée. Contrairement à la théorie machiavélienne des deux humeurs qui voudrait que les riches désirent toujours plus tandis que le peuple ne cherche qu'à garder ce qu'il a, on devrait donc soutenir que c'est exactement l'inverse qui se produit : les riches ne peuvent devenir de plus en plus riches que parce qu'ils réalisent ainsi le fantasme des plus pauvres.

Qu'en déduire pourtant *in fine* ? Comme Klossowski, que le corps de l'argent est un corps radicalement pervers et qu'une société où le seul lien social est devenu l'argent, libéré même du refoulement industriel qui mobilisait la libido dans la seule sphère du travail, est assez proche en vérité de l'utopie sadienne dans laquelle chacun pourrait tantôt vendre son corps comme objet de jouissance pour l'autre, tantôt se payer en femmes ou en garçons suivant son sexe et ses goûts ? Ce n'est pas sûr et pour trois raisons.

D'abord parce qu'une telle idée n'est au fond encore qu'une idée profondément morale, simplement située sur la crête entre excitation perverse et indignation vertueuse. Un pas à gauche, et l'intuition klossowskienne retombe dans la litanie cynique : rien ne sert d'essayer de penser communément l'argent puisque c'est toujours le fantasme d'un autre ; un pas à droite et on retombe dans un étrange hypermoralisme réductionniste, puisque écrasant tous les *falsa bona*, les faux biens des moralistes antiques et classiques, sur la seule réalité de l'argent : la *voluptas* ou la jouissance sexuelle, c'est l'argent ; les *honores* ou le désir éperdu de reconnaissance, c'est l'argent, etc.

Ensuite parce que Klossowski, trop empris dans la dimension pourtant juste du désir et de la perversion de l'argent, perd vite de vue son envers : que le corps politique de l'argent est déjà en lui-même un corps réel, fait de manque et de douleur sans jouissance, et ce sans avoir besoin de s'enter dans le corps sexuel. L'argent incarne la sexualité du corps pervers, mais il incarne tout autant le corps normé, centré sur les besoins primaires : se nourrir, se loger, se reproduire. C'est une puissance autant de sexualisation que de désexualisation qui soude le désir et le besoin ou le puritanisme et le libertinage. L'argent dit la vérité du désir *et* la vérité du besoin. Et il dit les deux en même temps. C'est cela qui reste encore à articuler.

Enfin, si Klossowski démythifie avec force le rêve d'une gratuité pure en exhibant le lien profond entre jouissance et vénalité, il n'explique pas en retour l'efficace d'un tel rêve ou d'un tel mythe, qui non seulement perdure, malgré tous les démentis du réel, mais aide encore l'argent à mieux pénétrer les esprits (comme le montrent tous les usages, plus abusifs les uns que les autres, qu'en font la publicité et le marketing). Autrement dit, il ne donne aucune clé proprement politique : l'argent est un nouveau corps politique, entendu sans métaphore, qui a pris la place du corps du souverain, mais on ne voit plus du tout quel type de politique peut résulter d'un tel corps – c'est une pure réalité politique sans politique.

Il nous faut donc encore tenter d'articuler à cette perspective unilatérale de la jouissance une dimension macropolitique. En théorie, puis en pratique, quelle politique est encore possible sur un corps sans tête et sans mains ?

Articuler besoin et désir : l'abstraction matérielle

Le nouveau corps politique de l'argent ne s'est pas établi sur les ruines des anciens corps souverains : il les a plutôt enveloppés, rognés, fragmentés, instrumentalisés, marginalisés. Il y a toujours des États, mais ce ne sont plus que de simples foyers, certes encore plus importants que les autres, au moins en Occident, mais qui n'ont plus rien de central et se trouvent plutôt disséminés sur le grand corps multipolaire et désorganisé de l'argent, aux côtés d'institutions infra ou supra-étatiques (Union européenne, fonds de pension, FMI, Banque mondiale, fondations, ONG...), d'entreprises, d'individus fortunés, d'associations locales constituant d'autres foyers d'un autre type. Il faudrait donc parler d'États parasouverains, c'est-à-dire d'États à moitié « désouverainisés », plutôt que souverains, ce que nomme bien, en un sens, la notion de « dette souveraine » – car qui est alors véritablement souverain ? Et pourtant, ces foyers devenus particuliers, ayant perdu une bonne part de leurs droits régaliens, ont gardé ce qui fut en un sens leur fonction et leur justification premières : celles du *roi nourricier*, c'est-à-dire celle de devoir assurer, au moins à titre d'interlocuteur privilégié de toutes les formes de revendication non monétaires, la satisfaction minimale des besoins vitaux (alimentation, logement, soin, sécurité) d'une population donnée. Car, on vient de le voir, la jouissance des uns ne peut se payer qu'au prix du besoin des autres, ce qui, à terme, risque toujours de mettre en danger la pérennité de leur jouissance. Autrement dit, les États ont été exclus du champ de la jouissance pour s'occuper exclusivement de la jouissance que la perversion commune dans une société d'argent met sans cesse en danger.

Rien ne dit que ce mouvement soit irréversible et que l'on n'assistera pas un jour ou l'autre à un retour en force des États et à une reconquête radicale de leur souveraineté. Mais parions alors que ce sera pour le pire, c'est-à-dire la guerre. La souveraineté ancienne s'est toujours fondée sur la guerre et ne se reconquerra que par la guerre. Si l'on exclut donc un tel retour, non par raison mais par principe, force est alors de constater que c'est au lieu de cette désouverainisation toujours partielle, jamais achevée, des États que se pose précisément tout le problème théorique d'une politique de l'argent. À s'en tenir au seul domaine étatique de la prise du pouvoir, la politique n'intéresse plus personne, sauf bouffée populiste par-ci, bouffée médiatique par-là – il faudrait même dire plus rigoureusement : la politique ne fait plus *bander* personne et l'idée même de grand homme politique est devenue comique. Ce n'est plus qu'une affaire d'administration ou de gestion. Mais, *a contrario*, refuser de s'intéresser à cette dimension gestionnaire et pourtant protectrice qu'impose à l'État le corps de l'argent, ne plus s'attacher qu'aux formes concrètes et particulières de résistance ou d'émancipation, c'est ne rien comprendre aux demandes les plus pressantes des populations : celles d'avoir simplement une vie décente en deçà de toute jouissance. La politique n'est plus alors affaire que de jeu, excitant ou ennuyeux, pour *fat cats* désœuvrés. Autrement dit, l'argent, en assurant de lui-même l'unité du corps politique, en a privé la politique proprement dite. Une société d'argent est une, hétérogène mais une. En revanche, la politique pour la réguler est apparemment toujours clivée entre administration des besoins et flambées de jouissance. Or une politique qui n'est pas une, qui ne prétend pas gouverner d'elle-même l'ensemble des dimensions de la vie de la cité, n'est plus une *politikè*, une poli-tique, par définition.

Comment sortir d'un tel cercle ? Nécessairement en pensant une politique qui réarticule désirs et besoins, c'est-à-dire qui se situe à la lisière où se touchent les deux faces de l'argent, l'argent qui fait fantasmer une jouissance pleine et l'argent dont on manque toujours, qui fait toujours souffrir. Mais on ne peut pas ici se payer de mots, ni d'idéaux vides ; pas plus que l'on ne peut se payer d'actions trop concrètes et particulières, aussi généreuses soient-elles. Car l'argent est une *abstraction matérielle*, c'est-à-dire un simple signe vide qui fait corps, qui incarne la matérialité la plus concrète et la plus corporelle, et qui donc est appelé à triompher d'avance de toutes les abstractions politiques qui n'offrent que du rêve, comme de toutes les actions politiques concrètes qui peuvent être précieuses mais ne feront jamais rêver et ne politisent pas. Ce n'est donc pas l'opposition entre politique idéaliste et politique réaliste qui est ici en jeu, mais justement la possibilité de leur articulation à même le corps de l'argent, c'est-à-dire à même cette réalité double qui disjoint dramatiquement l'ordre des désirs et l'ordre des besoins dans le geste même où elle les unifie fantasmatiquement.

Examinons un instant cette étrange formule. Dire *abstraction matérielle* n'est pas un simple oxymore rhétorique tant il n'y a en un sens, comme le remarquait déjà Berkeley, rien de plus abstrait que la notion de matière. À quelle sensation spécifique renvoie-t-elle ? Rien de plus pauvre et d'abstrait, au sens de la mauvaise abstraction, que la matière, que l'argent, que les matérialistes et les avares. Mais dire abstraction matérielle n'est pas non plus énoncer un pléonasme tant rien n'est moins matériel que le geste même de l'abstraction, qui est le geste de la science, de la justice, de l'amour – le geste même de la vie de l'esprit, au sens de la bonne abstraction, celle qui nous fait connaître, partager, trouver la bonne distance. Rien de plus contradictoire que l'idée hobbesienne selon laquelle « penser c'est calculer » : penser est à maints égards l'inverse – produire du *concret pensé*, comme disait Hegel, c'est-à-dire produire du concret qui ne gagne sa concrétude qu'à force d'être ouvert sur un dehors et non enfermé dans une redondance statistique.

Dire que l'argent est une abstraction matérielle, c'est dire deux choses. D'abord, en une tautologie dissonante, que l'argent pose un redoutable défi à la pensée politique en triomphant d'avance de tout idéalisme abstrait comme de tout réalisme cynique ou généreux. Et ensuite que ce défi ne peut être relevé qu'en pensant une politique de l'argent qui soit son exact revers : à la fois concrète et pensée, c'est-à-dire produisant du désir de penser dans le geste même où il s'inscrit dans la vie matérielle de chacun. C'est cela que signifie articuler désir et besoin : penser le désir, le superflu, l'excès, la dépense *singulière*, au lieu même où ils paraissent d'avance impossibles, écrasés par la souffrance et le manque *communs*. Ou si l'on préfère : apprendre à s'abstraire de l'argent au lieu même où l'on en comprend et la force et la nécessité matérielles. Ce n'est ni de rêves de sociétés sans argent ni de soumission à la toute-puissance parfaitement fantasmatique de l'argent dont nous avons besoin, mais de réinvestir l'idée que réguler des sociétés d'argent peut être une tâche à la fois nécessaire et excitante.

Il faut être ici plus précis, d'abord théoriquement. Comment une telle articulation entre désirs et besoins peut-elle être possible ? Comment penser ensemble, dans une même politique, désirs et besoins de telle sorte que l'on puisse comprendre simultanément et la puissance de sexualisation des uns et la puissance de désexualisation des autres ? En articulant les plans disjoints sur lesquels se donnent à voir et les uns et les autres. On peut en dénombrer d'au moins trois sortes, ce qui implique donc trois grandes articulations servant de lignes directrices à toute politique sérieuse de l'argent.

La contradiction dans l'unité. Besoins et désirs sont par nature contradictoires : les uns sont finis et calculables, les autres portent toujours à l'infini et sont inévaluables ; les uns visent la satisfaction, les autres la jouissance ; les uns expriment une nécessité, les autres une liberté ; les uns s'accomplissent dans la réalité, les autres dans l'élément du fantasme. Conséquemment, toute politique visant à les articuler sera contradictoire, et même multiplement contradictoire, devant tisser l'infini dans le fini, l'inévaluable dans le calcul, la jouissance dans la satisfaction, la liberté dans la nécessité, le fantasme dans la réalité. Et comme ces contradictions sont indépassables, tout son enjeu sera de parvenir à les faire tenir ensemble, c'est-à-dire à les rendre vivables et aimables, à introduire en elles du jeu et du possible. Autrement dit, le premier enjeu d'une politique de l'argent est de parvenir à *faire surgir du possible du cœur de la contradiction* fondamentale et indépassable de l'argent. En ce sens, son unité sera nécessairement une unité processuelle ou en devenir, jamais une unité figée ou fantasmée : réduire les inégalités plutôt que s'acharner à maintenir le fantasme d'une égalité de tous.

L'intime dans le collectif. Les grandes jouissances collectives ont toujours un coût exorbitant : la guerre, le sacrifice, au mieux la vaine gloire et l'indécence. C'est pourquoi les sociétés relativement pacifiques ont garde de maintenir la jouissance dans la dimension de l'intime et du secret. Ce qui ne signifie pas nécessairement dans la honte, mais au moins dans l'obscurité. Le problème est que si en dernière instance la jouissance est toujours liée à l'argent, ou en tout cas autant qu'elle l'est, elle a elle aussi un coût exorbitant, bien que moins visible : le long vampirisme d'un bien commun par les jouissances intimes de quelques-uns. L'argent noue spontanément le collectif dans la jouissance intime de quelques-uns aux dépens du plus grand nombre. Dès lors, la seconde ligne directrice d'une politique de l'argent qui, en tant que politique, est nécessairement pour tous, se trouve prise dans une seule alternative : soit revenir aux anciennes formes de souveraineté et à leur destin funeste (la guerre et le sacrifice) ; soit produire autant qu'elle le peut une articulation inverse – non pas le collectif dans l'intime (présence du numéraire dans la jouissance privée) mais l'intime dans le collectif (valorisation de jouissances obscures dans le geste même d'affirmation d'un bien commun). Cette seconde possibilité signifie très concrètement ceci : l'argent met spontanément le bien commun au profit des jouissances privées ; il s'agit de mettre les jouissances privées au service du bien commun par tous les moyens possibles allant de la fiscalité étatique à l'évergétisme privé. Autrement dit, là où la morale ne peut rêver que de réformer la conscience, là où les anciennes politiques souveraines ne peuvent que chercher à se soumettre les biens et les personnes sans souci de leur intimité, une véritable politique de l'argent devrait feindre de laisser les fantasmes tranquilles pour tenter de les détourner de leur satisfaction purement privée et les mettre au service du bien commun. Ce qui suppose une politique à toutes les échelles et traversant tous les foyers : il ne peut plus y avoir de privilège de la macropolitique sur la micropolitique, ou l'inverse, dans un monde d'argent où intime et collectif peuvent se réarticuler mais jamais se dénouer complètement.

La rareté dans l'abondance. Reste à savoir au nom de quoi fonder une telle politique puisque l'argent fait d'avance tourner en misère autant les grands principes abstraits de la morale que les trop grandes promesses d'économie utopique. Nécessairement, le sens d'une telle politique ne peut trouver sa motivation et son effectivité que de manière immanente, c'est-à-dire au sein des processus à la fois fantasmatiques et réels propres au corps politique de l'argent. Or autour de quoi tournent les fantasmes produits par la circulation de l'argent ? Toujours autour du même fantasme : l'abondance. Abondance des corps du point de vue des désirs, abondance des biens du point de vue des besoins. L'abondance nomme ainsi un état à la fois de satisfaction complète et de relance infinie du désir. C'est évidemment un pur et très infantile fantasme. Car les processus *réels* de l'argent fonctionnent à l'envers : ils produisent sans cesse de la rareté, de la pénurie, du manque, car des corps comme des biens, on n'en a jamais assez, les besoins étant tout aussi artificiels que les désirs. C'est pourquoi l'argent fonctionne comme une fantastique machine à rendre malheureux tout le monde : les pauvres qui ont été dépossédés de tout, les classes moyennes qui deviennent insatiables, les riches rendus indécents et odieux. Et pourtant les seules valeurs politiques qui demeurent sont celles-ci : abondance et rareté. Du coup, la seule solution n'est pas de leur opposer des idéaux abstraits mais de concevoir une politique qui parvienne à faire fonctionner cette machine à l'envers, c'est-à-dire à produire des fantasmes de rareté au sein d'une société d'abondance. Autrement dit, il faut qu'il y ait peu de biens, peu de corps disponibles, donc une relative ascèse sexuelle, mais énormément d'argent, et disponible pour tous. Est-ce possible ? En un sens, certaines sociétés primitives y sont parvenues : c'étaient des sociétés d'abondance puisqu'elles détruisaient leur surplus, mais la monnaie (coquillage, or, morue séchée) circulait à profusion [4]. Il faudrait prendre exemple sur elles et concevoir une société où l'argent ne manque pas mais où l'on produise moins. Ce faisant, une telle politique de l'argent rejoindrait les politiques écologiques et antiproductivistes, mais pour de tout autres raisons : non parce que nous sommes en train de détruire la planète – c'est vrai, mais cela ne fait fantasmer personne et ne produit que de l'aveuglement –, mais parce qu'il est doux et heureux de placer l'infini de son désir dans des objets rares, singuliers, au sein d'un réel profus. Ce qui toutefois n'est possible qu'à condition d'être assuré d'avoir toujours assez d'argent pour ses besoins fondamentaux. Autrement dit, de n'accepter toutes les inégalités qu'on voudra qu'une fois le roc de la misère submergé d'argent.

Voilà pour les trois grandes lignes directrices d'une politique de l'argent. Ces lignes sont toutefois encore trop abstraites. Il est temps de passer à leurs significations pratiques. Quelle politique concrète, à la fois contradictoire et articulée, intime et collective, source d'autant d'abondance réelle que de rareté précieuse, mettre en place ?

Propositions pratiques

On pourrait dire de l'argent ce que Foucault dit du pouvoir [5] : « L'argent est partout ; ce n'est pas qu'il englobe tout, c'est qu'il vient de partout. » Pour qu'une politique de l'argent soit possible, il est donc nécessaire de commencer par l'encastrer, de l'empêcher d'« englober » tout. Sans cela, il y aura bien une politique de l'argent mais seulement au sens d'un génitif subjectif, ce sera la politique que l'argent produit spontanément et qui, nous l'avons vu, conduit à la ruine des sociétés aussi sûrement que le tonnerre annonce l'orage. Commençons donc par encastrer.

Encastrer l'argent

Le suprême danger politique de la marchandisation générale du monde, c'est de défaire tout lien social humain en atomisant les individus, en les réduisant au rang de simples particules exploitables puis jetables dans les vastes flux de la finance internationale. Karl Polanyi a ainsi pu décrire avec force combien le développement sans frein du libéralisme économique a pu contribuer à l'avènement des fascismes des années 1930, c'est-à-dire à l'autodestruction complète des sociétés. Son concept explicatif central est alors celui d'« encastrement » (*embeddedness*) [6]. À l'origine, remarque-t-il, « les faits économiques étaient encastrés dans des situations qui n'étaient pas de nature économique » : les exigences de resserrer le lien social, par des formes de contre-don, des communautés de croyances, des coutumes et des lois symboliques, priment sur la libre recherche de son intérêt individuel. Et même dans les sociétés occidentales où le commerce a commencé à prendre une importance prépondérante, au moins trois biens avaient échappé aux prises du marché en restant « encastrés » dans la vie sociale jusqu'à la fin du XVIIIe siècle : le travail, la terre et la monnaie. Parce qu'en vérité ces biens ne peuvent pas être des marchandises. Le travail, en effet, « n'est que l'autre nom de l'activité économique qui accompagne la vie elle-même, laquelle n'est pas produite pour la vente mais pour des raisons entièrement différentes » (qu'elles soient religieuses ou laïques, on vit pour vivre, pas pour gagner sa vie). La terre « n'est que l'autre nom de la nature, qui n'est pas produite par l'homme » (Polanyi n'anticipe pas les catastrophes écologiques qui viennent, mais celles-ci donnent une résonance encore plus forte à son propos). Quant à la monnaie, c'est « une création du mécanisme de la banque ou de la finance d'État », ce ne peut donc être qu'une marchandise fictive : elle n'est pas produite. Or, quand ces trois biens se trouvent « désencastrés », quand ils n'obéissent plus qu'à une pure logique marchande, il n'y a plus de lien social et plus de politique possible : la société n'est plus qu'un appendice de la sphère économique qui n'existe plus que pour son propre compte.

L'analyse de Polanyi pose néanmoins doublement problème. D'une part, il pense (en 1944) que le libéralisme économique est mort et qu'une « grande transformation », visant à réencastrer l'économique dans le social, est en cours : l'histoire, notamment depuis les années 1980, a assez prouvé le contraire. D'autre part et surtout, il pense la monnaie indépendamment du marché, et cette fois il se trompe théoriquement. Malgré sa vaste connaissance des sociétés de don, il ne semble en effet pas percevoir trois choses. D'abord combien c'est la monnaie seule qui « se détache » parce qu'elle est constitutive des économies de marché, qu'elle seule peut produire la *fiction* d'une marchandisation généralisée de la terre, du travail, de la vie tout court, et donc qu'elle seule est le vrai moteur du désencastrement. Autrement dit, la question de l'encastrement de l'argent n'est pas un problème périphérique à celui de l'émergence des sociétés de marché : c'est aussi bien son problème fondamental. Ensuite, Polanyi ne perçoit peut-être pas combien une telle puissance de désencastrement de la monnaie est réversible, combien elle peut aussi bien servir de puissance d'encastrement. Viviane Zelizer l'a montré : même au cœur des sociétés de marché, la signification sociale de la monnaie n'est jamais purement économique – chacun s'en sert pour marquer un ordre de priorité dans la consommation, une relation sociale privilégiée, ou même une sujétion politique qui défient toute logique purement économique [7]. Enfin, étayant son étude à la fois sur les sociétés primitives et sur l'Angleterre des XVIIe et XVIIIe siècles, Polanyi ne relève sans doute pas assez combien l'encastrement de la monnaie est peut-être moins un fait social propre aux sociétés traditionnelles qu'une politique délibérée cherchant à empêcher l'argent de s'émanciper du rapport social en passant du statut d'instrument d'échange limité à celui d'instrument de profit illimité. Ainsi, Jacques Le Goff, s'inspirant en partie de ses théories, a pu montrer comment l'usure, c'est-à-dire l'argent faisant de l'argent, fut contenue au Moyen Âge non par la condamnation du libéralisme et de la société de marché, qui n'existaient pas, mais par « la peur, la peur angoissante de l'enfer » délibérément entretenue par les théologiens, les prêtres et les laïcs : l'enjeu primordial pendant tous ces siècles ne fut pas l'encastrement du marché mais l'encastrement du profit.

Ainsi, il nous semble que Polanyi, avec cette idée d'encastrement, a inventé un concept infiniment précieux, mais il faut à la fois le déshistoriciser et le politiser pour qu'il devienne véritablement efficace : l'encastrement n'est pas un concept descriptif, c'est un concept normatif voulu consciemment par les agents qui l'ont appliqué. Autrement dit, il n'y a pas d'un côté des sociétés où les faits économiques sont encastrés et de l'autre des sociétés libérales où ils se désencastrent, car toute société a une politique d'encastrement de l'argent qui marche plus ou moins. Dès lors, il faut sortir de l'alternative société libérale de marché/société dirigée, pour penser les modalités possibles, plus concrètes, d'encastrement de l'argent [a]. Modalités certes bien plus fragiles, bien plus réversibles, mais dans les deux sens : l'argent est aussi bien ce qui détache les hommes des intérêts de la vie sociale que ce qui peut les y reconduire. Sans prétendre être exhaustifs, de telles modalités on peut en repérer au moins cinq :

L'encastrement religieux. Un fait est indéniable : c'est dans les sociétés religieuses que l'argent a été le plus fortement encastré, c'est-à-dire non seulement contenu, limité dans ses usages, soumis à des finalités autres, et même détruit en tant que surabondance sacrifiée pour l'agrément ou la gloire des dieux. En ce sens, les religions jouaient peut-être un rôle vital dans la survie des sociétés en assurant la nécessité d'une dépense sacrée, consumation ou destruction improductive pouvant seule ramener la vie à un certain équilibre. C'est la grande thèse de Georges Bataille [8]. Étudiant aussi bien les sacrifices humains et les guerres chez les

a C'est peut-être en ce sens que l'on peut entendre les propos de Michel Henochsberg dans *Les Échos*, 8 et 9 juillet 2011 : « Alors il nous faut entendre ce que nous dit la vraie crise : c'est une défaite de l'économie et de son marché dans leur volonté d'organiser le vivre-ensemble. [...] préciser l'économie pour mieux s'en émanciper, [...] préciser l'économie pour "faire avec", en toute connaissance de cause, pour la circonscrire, pour l'utiliser sans s'y perdre. »

Aztèques, les formes de potlatch chez les Indiens d'Amérique du Nord, que les dépenses somptuaires de l'Église catholique, il en est venu à définir la religion, au moins jusqu'à l'avènement du calvinisme, comme « l'agrément qu'une société donne à l'usage des richesses excédantes : à l'usage ou mieux à la destruction, du moins de sa valeur utile ». Autrement dit, les religions ont permis d'encastrer les puissances d'individualisation et de profit sans limites de l'argent en donnant un sens absolument non économique à la dépense : les sacrifices, les monuments sacrés, les fêtes rituelles sont des obstacles à l'investissement productif sans fin. Et ces empêchements sont vitaux car ils permettent aux sociétés d'éliminer une accumulation de richesse et d'énergie qui, à terme, ne pourrait conduire qu'à la destruction de tout monde fini. Les dépenses somptuaires ne sont donc pas des actes de folie ou de vanité, sauf à reconnaître que la folie ou la vanité sont absolument nécessaires à l'équilibre général des sociétés que minent au contraire la pure recherche individuelle du profit et l'investissement sans fin : « Un point de vue *général* exige qu'en un temps et un lieu mal définis la croissance soit abandonnée, la richesse niée, et sa fécondation possible ou son investissement rentable écartés. » La force et l'originalité de la position de Bataille sont ainsi de montrer que ce sont bien moins l'éloge de la pauvreté et le mépris des biens de ce monde qui permettent d'encastrer les puissances mortifères de l'argent qu'au contraire le *sens authentique de la richesse*, conçue comme pure surabondance appelée à être dépensée ou consumée sans reste. Ce qui fait de la bourgeoisie un monde véritablement mortifère, c'est donc moins en soi son accaparement des richesses que le fait qu'elle ne sait plus être riche, c'est-à-dire « consumatrice ». La « consumation » est ainsi à entendre en un sens opposé à la fois à celui de « consommation » et de production, et à celui de bonheur ou de bien-être : la « consumation » consume jusqu'au bout, préserve un lieu véritablement « sacré », c'est-à-dire radicalement séparé de la sphère utilitaire, que celle-ci soit définie en termes de croissance des richesses ou de croissance du bien-être. De ce point de vue, les débats actuels autour des indicateurs de richesse relèveraient du même symptôme : entre indicateurs de la seule croissance marchande monétaire (type PIB) et indicateurs de « développement humain » prenant en compte non seulement la production mais les niveaux d'éducation, d'espérance de vie, ou encore de préservation de l'environnement (type l'IDH, Indice de développement humain, adopté par le Pnud, ou l'amusant PID (Produit intérieur doux) inventé par des militants québécois, ou encore le PNN, Produit national net, proposé par la récente commission Stiglitz), entre indicateurs objectifs et indicateurs subjectifs (prenant en compte le sentiment des agents), ou entre économie productiviste et économie du bien-être, non seulement on ne sortirait pas d'une vision utilitariste, mais en un sens les indicateurs de bien-être seraient les pires. Ils négligent en effet encore davantage ce qu'a de « maudite » cette part de richesse superflue, qu'il ne s'agit donc surtout pas de mieux employer, encore moins de diminuer, mais de détruire purement et simplement.

Toutefois, on aurait tort de réduire une telle analyse à une simple nostalgie pour le « rayonnement » vital de mondes qui avaient su préserver une part de sacré, de gratuité, de dépense au-delà de tout calcul, mais qui ne sont plus. Tout le raisonnement de Bataille aboutit en effet non à une telle nostalgie mais à une défense lucide du plan Marshall qui était en train de se mettre en place : non qu'en offrant sans contrepartie à l'Europe de l'Ouest les moyens de sa reconstruction, les Américains aient été sans arrière-pensées, non qu'un tel plan n'ait pas contribué à sa façon à relancer la croissance et l'exigence économique de rentabilité, mais au moins pour un instant un investissement fut fait « à fonds perdus ». Au moins « en un point », il fut « renonciation à la croissance des forces de production ». L'enjeu n'est donc pas d'en appeler à un retour des religions et de leur passé funeste, encore moins d'espérer en une nouvelle guerre, mais de continuer à inscrire au cœur des logiques de l'argent une exigence extra-économique de consumation. De ce point de vue, la philosophie bataillienne apparaît plus actuelle que jamais : un nouveau plan Marshall pour les pays pauvres et un abandon de leurs dettes, un nouveau plan Marshall pour tous les quart mondes (y compris ceux des pays riches) seraient plus souhaitables que jamais. Non parce que ce serait « la » solution à leurs maux, mais comme marque de la capacité de nos sociétés modernes à préserver un sens extatique, inutile, incalculable de la vie.

L'encastrement par les citoyens éclairés, par les pauvres, par les riches : marquer l'argent. On peut prendre le problème par l'autre bout : non plus un encastrement collectif et « mystique », fût-ce d'un mysticisme a-théologique comme celui de Bataille, mais un encastrement individuel et quotidien. Si le danger suprême de l'argent est en effet de rendre tous les biens sans valeur en les réduisant tous au rang de marchandises équivalentes les unes aux autres, y compris celles qui ne peuvent pas être en vérité des marchandises, la solution peut consister moins en l'attente d'une « grande transformation » qui n'a jamais eu lieu que d'une transformation des pratiques quotidiennes face à l'argent.

Le développement des LETS (*Local Exchange Trading Systems*) – en France les SEL (Systèmes d'échanges locaux) – dans les années 1980 et 1990 constitue de ce point de vue une tentative pour nourrir les liens sociaux par le biais d'échanges qui recourent à des monnaies locales. Récusant la perte sociale qui découle du fait que, sans argent, toutes sortes de biens devenus inutiles aux uns ne sont pas cédés aux autres qui en auraient l'usage, que bon nombre de services ne peuvent être acquis mais aussi bon nombre de savoir-faire, de connaissances ne peuvent être mobilisés alors que les besoins sont bien réels, ces organisations proposent une alternative à l'usage de l'argent : en définissant leur propre monnaie, qui n'a dès lors de validité que pour les membres du groupe, elles engagent à tisser des liens d'échange multilatéral dans lesquels chacun offre ce qu'il veut (biens, services, connaissances) aux membres du groupe et se procure auprès d'eux ce dont il a besoin. Présentées comme un système de troc volontaire, ces organisations, dont le statut est associatif, visent à remettre en cause la primauté du besoin d'argent sur l'échange. Une des idées défendues par les organisateurs des SEL est que, dans un tel système de monnaie privée, il est facile de gagner des unités monétaires mais plus difficile de les dépenser, à l'inverse de la société marchande. Autrement dit, c'est à une forme de renversement des pratiques de l'argent qu'ils invitent. Une de leurs limites cependant est que de tels systèmes d'échanges locaux peuvent apparaître ni plus ni moins que comme une forme de *redécouverte* du marché privé : c'est ce qui semble avoir attiré la bienveillance de quelques défenseurs acharnés du libéralisme économique au nom du contournement de l'État – notamment des réglementations administratives et de la fiscalité – que portent de telles initiatives. Il reste qu'elles ne manquent pas d'une certaine originalité. Car elles nous poussent à questionner et à diversifier nos rapports à l'argent et se fondent sur une mobilisation collective pour réencastrer la monnaie dans des liens sociaux pensés comme premiers et buts ultimes.

Dans un registre un peu différent, le commerce équitable revendique, lui aussi, une transformation des pratiques quotidiennes face à l'argent. En posant que l'achat d'un produit doit viser non seulement la satisfaction du consommateur, mais aussi la défense des conditions de vie et de rémunération du producteur lorsque celui-ci fournit un produit de qualité et socialement utile, le commerce équitable invite à reconsidérer l'échange monétaire comme un moyen au service d'une fin supérieure, permettre aux hommes de vivre. Bien qu'il demeure très minoritaire (moins de 0,01 % des échanges mondiaux), la forte progression qu'il a connue depuis dix ans manifeste un léger infléchissement des pratiques de l'argent.

Dans les deux cas toutefois, un tel volontarisme ne saurait suffire à réencastrer l'argent, puisque d'une part il représente moins dans les faits une forme d'encastrement qu'une forme d'émancipation des rapports strictement monétaires, et que d'autre part il consiste en un sens à encastrer une monnaie qui n'en est déjà plus une, puisqu'elle prend essentiellement une valeur cérémonielle et non plus d'échange. Toutefois, on ne saurait parler ici d'échec, mais seulement de limites, dans la mesure où une telle perspective est restreinte à une catégorie de privilégiés occidentaux dotés d'un peu de conscience (voire à leurs obligés des pays en voie de développement pour le commerce équitable).

Elle trouve cependant un relais et même une vérité dans les conduites quotidiennes des agents en marge, c'est-à-dire des pauvres. Car leur rapport avec l'argent n'est jamais désencastré des rapports sociaux, même dans des sociétés libérales comme les États-Unis. C'est ce qu'a montré avec force Viviane Zelizer : le propre du rapport avec l'argent est de n'être jamais purement économique, de sans cesse changer de sens selon les rapports sociaux dans lesquels il s'insère. À ce niveau interactionniste, l'encastrement prend la forme de ce qu'elle appelle un « marquage ». Marquer l'argent, cela veut dire réduire sa fongibilité ou son caractère d'équivalent général pour l'affecter à des dépenses dont la finalité est déterminée hors de la sphère économique. C'est la stratégie des « boîtes », autrefois si communes et aux antipodes aussi bien de la « cassette » de l'avare que des actions du capitaliste : une boîte pour l'argent de la nourriture, une pour celui des vêtements, une pour celui des enterrements, une autre pour celui des cadeaux, etc.

Dans cette perspective, le salut, pour échapper à l'anomie de sociétés où ne règne plus que le « Dieu dollar » viendrait en quelque sorte des pauvres, non des miséreux qui n'ont rien, mais des pauvres qui ont un peu : loin d'être les victimes de la monétarisation croissante de la vie sociale, ceux-ci seraient au contraire le bon modèle à suivre pour concevoir comment l'argent peut demeurer un moyen au service de fins supérieures. À suivre par qui ? Viviane Zelizer n'en dit rien, mais la déduction coule de source : par les riches. Car c'est là en un sens la politique la plus immémoriale que l'on retrouve dans toutes les sociétés à argent : obliger les riches à marquer leur argent, c'est-à-dire à le donner. Comment en effet marquer son argent, lui imposer son nom et ses finalités extra-économiques, quand on en a bien trop pour chacun de ses besoins ? Les « boîtes » ne peuvent plus avoir ici aucun sens et le seul moyen est bien le don à ceux qui en ont moins et par qui seuls il peut reprendre un sens. Dans les sociétés antiques, grecques puis romaines, cela s'appelait l'évergétisme, c'est-à-dire « les libéralités privées au bénéfice des biens publics » qu'a si justement analysées Paul Veyne : obliger les riches à payer à la plèbe du pain et du cirque, des thermes et des théâtres, des fêtes et des campagnes militaires, pour conserver leur rang. Dans les sociétés monothéistes, c'était l'obligation de donner à la communauté, aux pauvres, au culte. À la Renaissance, ce fut le mécénat et le financement des cités. Dans tous les cas, le don n'a plus alors le sens de consumation destructrice, mais celui effectivement de marquage : que les riches ne marquent plus leur argent par des dons et ils perdront toute signification sociale. Or, sauf chez quelques avares incurables, on peut parier qu'une telle signification primera toujours le strict intérêt égoïste qui, sans lui, devient entièrement dépourvu de sens. De ce point de vue, le « scandale » et la « folie » propres de nos sociétés contemporaines ne tiennent sans doute pas à l'arrogance des riches et à leur désir de faire sécession (qui ont toujours existé), mais à notre capacité à leur accorder encore une signification sociale en dehors de leurs dons pour la société. Les journaux *people* et sportifs en sont sans doute l'incarnation la plus monstrueuse : accorder le moindre intérêt aux millionnaires sur leurs yachts, dans leurs *gated communities*, dans leurs lits, posant vaguement devant des caméras ou jouant avec un ballon ou une balle de tennis, c'est sans conteste le signe, non simplement de sociétés à la dérive, mais d'une politique folle visant à détruire la société par elle-même.

En même temps, il ne faut sur ce point se faire aucune illusion : un tel encastrement par le marquage social, ou un tel évergétisme, n'a strictement rien d'anticapitaliste. En un sens, au contraire, il peut même être lu comme une véritable politique de défense du capitalisme contre la bourgeoisie. On peut en effet distinguer les bourgeois des capitalistes [9] : ceux-ci sont ceux qui réinvestissent directement la plus-value extraite dans le processus productif ; ceux-là sont ceux qui profitent de cette plus-value à de strictes fins de jouissances propres (les descendants des grands capitaines d'industrie, les « stars », les sportifs...). Une des meilleures illustrations de cette distinction provient sans doute des revendications actuelles de quelques millionnaires d'être davantage imposés ou d'investir une part considérable de leur fortune dans des fondations au service du bien commun, à la manière de Warren Buffet, de Bill Gates ou de Steven Spielberg aux États-Unis : il s'agit sans doute là simplement d'une défense des valeurs du capitalisme (sérieux, travail, ascétisme, réinvestissement) contre celles de la bourgeoisie (frivolité, jouissance privée, entre soi et ostentation).

On ne saurait donc en attendre monts et merveilles, et encore moins s'extasier sur la générosité inattendue des capitalistes. Mais il s'agit au moins d'en prendre acte. En un sens révolutionnaire, car tout ce qui divise la classe dominante et empêche l'identification trop rapide, comme encore chez Marx, entre bourgeois et capitalistes, redonne du jeu à l'action politique. Et en un sens réformiste, car le fait que les riches participent davantage que les autres au maintien et à la culture de l'ensemble de la communauté politique est simplement la moindre des choses que cette dernière est en droit d'exiger d'eux.

L'encastrement par l'État. Ces formes d'encastrement – par le milieu, par le bas et par le haut, si l'on peut dire – ne manquent pas de vertu. Il n'empêche qu'elles ne sauraient se substituer à la forme majeure de réencastrement à laquelle pense Polanyi : celle par les États. Non pas parce que les classes moyennes dites « de gauche », comme les pauvres et les riches éclairés, modifient moins un système qu'ils ne l'aménagent et ne lui résistent pour leur propre compte : toute politique de l'argent est en vérité limitée, même si c'est justement en ce sens qu'elle peut se présenter comme authentiquement politique et non comme simple rêverie ou moralisme. Mais parce qu'à admettre ce caractère limité de toute politique de l'argent, force est de reconnaître que l'action des États, ne serait-ce qu'en termes de politique fiscale et de redistribution, a une ampleur bien plus grande que toute politique individuelle ou communautaire. Toutefois, la solution ne peut plus être le « socialisme » que défendait Polanyi : collectiviser les moyens de production, contrôler les marchés du travail, de la monnaie et de la terre n'ont plus guère de sens aujourd'hui puisque leurs processus de marchandisation ne se sont pas arrêtés ; ils sont même maintenant quasiment achevés et leur achèvement prouve la naïveté naturaliste du socialisme à la Polanyi : il n'y a pas de vraies et de fausses marchandises, et ce qui nous apparaît aujourd'hui le moins « marchandisable », par exemple le corps propre, est peut-être la marchandise la plus ancienne, celle de la prostitution. Ce qui a un sens, en revanche, c'est que se conserve la triple liaison de la souveraineté politique, au moins comme foyer efficace de l'action politique : avec le territoire d'abord, avec la survie du corps social ensuite, avec la monnaie enfin.

Que le territoire, qui n'est pas la terre, relève de la souveraineté politique et non de l'argent peut se comprendre de deux manières très simples. D'abord, cela signifie que toute parcelle du territoire souverain soit aisément accessible à tout sujet de la souveraineté. L'enjeu ici n'est pas la marchandisation de la terre parce qu'on ne peut pas avoir la nostalgie des anciennes propriétés foncières de l'aristocratie, mais la circulation sur le territoire ; la clé est donc de soutenir qu'une politique des transports ne peut pas ressortir à une logique purement économique. Si la pure gratuité des transports n'est sans doute pas viable concrètement pour de multiples raisons, économiques et psychologiques, le principe veut que n'importe qui puisse circuler où il veut sans que cela ne lui coûte plus qu'il ne peut. Et ensuite, cela signifie qu'il n'est pas possible que des marchandises étrangères puissent circuler sur un territoire sans que ce soit le cas pour des personnes étrangères. Il n'y a ici que deux modèles viables : l'un d'autarcie complète, où marchandises comme personnes étrangères sont interdites de circulation, et donc de production et de consommation, et l'autre où toutes sont acceptées. Car c'est aussi cela encastrer l'argent pour un État : s'assurer que la circulation de biens monnayables ne prime pas celle de personnes qui ne peuvent être entièrement monnayables.

En second lieu, il est nécessaire qu'il y ait un État pour assurer la survie des populations en dehors des aléas de la répartition des revenus. Qu'il y ait en effet des inégalités d'argent n'est pas nécessairement un scandale. Le vrai scandale, c'est la misère, c'est-à-dire le fait qu'une partie du corps social puisse risquer la mort s'il se coupe de l'ordre de l'argent. Et ce n'est pas un scandale d'abord moral, mais politique : un État qui laisse une partie de sa population dans la misère est un État qui se coupe de sa justification la plus fondamentale. De ce point de vue, il n'y a même pas de querelle idéologique pertinente : tout État, en tant qu'État, qu'il soit libéral ou dirigiste, ne peut tenir qu'à interdire l'alternative entre la bourse ou la vie.

De ce point de vue, la politique fiscale doit redevenir un objet de débats [a] : au lieu de se réduire aux slogans politiques appelant à la baisse d'impôts, au lieu de mener en pratique une réduction de l'impôt sur le revenu – un des seuls qui soient un peu progressifs – tout en augmentant d'autres formes de fiscalité, indirecte celle-là, au lieu de présenter comme une fin en soi la réduction de la part prélevée par l'État sur les richesses créées, concevoir la fiscalité comme un moyen. En d'autres termes, sans ignorer les défaillances de l'État-providence, ni l'inégal accès à ses services, sans récuser sa nécessaire modernisation, ne pas lâcher sur son but ultime : la redistribution en tant qu'elle peut constituer un principe de cohésion sociale dans les sociétés où l'argent fait figure de condition *sine qua non* de l'existence sociale.

Enfin, l'encastrement de l'argent par l'État signifie qu'il ne peut exister de monnaie extra-étatique : sans cela se trouverait légitimée l'idée que l'argent prime le politique, ce qui apparaît inconcevable du point de vue de toute théorie de l'État, qu'elle soit antilibérale ou libérale [b]. Sur ce point, la situation actuelle de l'euro donne beaucoup à penser : dégagé du pouvoir régalien des anciens États-nations sans être pour autant assujetti à une nouvelle souveraineté politique consistante (un gouvernement de l'Union européenne ou du moins de la zone euro), l'euro est dans une situation difficilement tenable, comme le prouve la crise financière des dettes souveraines européennes depuis l'été 2011. Une telle situation est toutefois éminemment politique car l'enjeu ne porte pas

a « Le taux supérieur de l'impôt sur le revenu est passé de 50,5 % en moyenne en 1995 à 42,1 % en 2008 ; le taux moyen de l'impôt sur les sociétés a chuté de 37,5 % à 26 % sur la même période » dans l'Union européenne, selon les Économistes atterrés, *in* Économistes atterrés, *Vingt Ans d'aveuglement. L'Europe au bord du gouffre*, Les Liens qui libèrent, Paris, 2011.

b Il s'agit bien de toute théorie de l'État, car dans la théorie économique les libéraux du XIXe siècle et du début du XXe siècle qui défendent l'étalon-or le font justement au nom d'une autonomisation de la monnaie vis-à-vis de l'État : l'étalon-or a l'immense mérite, à leurs yeux, d'interdire toute manipulation étatique de la monnaie et de soumettre la régulation monétaire à la disponibilité du métal précieux selon les lois de la nature et non plus de l'État. C'est peu dire que nous ne nous reconnaissons pas dans cette approche.

sur les vertus ou non de la Banque centrale européenne (BCE), mais sur le déficit démocratique sur lequel s'est construite son indépendance. Or un tel enjeu est de taille : soit une nouvelle souveraineté politique proprement européenne émerge et l'euro sera enfin légitimé, quelles que soient les modalités de fonctionnement de la BCE, soit ce n'est pas le cas, et ce sont tous les États-nations qui se trouveront définitivement discrédités dans leur fonction d'encastrement de la monnaie. Ce qui à terme se paye toujours de la même manière, et là-dessus Polanyi a raison : un retour au fascisme. De plus, la création monétaire ne relevant pas seulement de la Banque centrale mais aussi des banques privées, il est nécessaire que les puissances souveraines sur le territoire desquelles elles opèrent et qui ont dû voler à leur secours en 2008, réaffirment leur droit de regard. Puisque les banques assurent un service public vital à l'économie, il est politiquement insensé qu'un tel service soit pour l'essentiel considéré comme un service marchand anodin : il s'agit alors pour la puissance publique non seulement d'édicter de nouvelles réglementations et des re-réglementations après la vague de libéralisation des années 1980-1990, mais surtout de leur redonner sens : défendre que l'argent est un bien public, au moins au sens où il répond au critère d'obligation d'usage (dans nos sociétés, nul ne choisit de recourir à l'argent, son usage s'impose à chacun) ; il constitue un *bien collectif* dont la production a une influence sur le bien-être de toute la population. En ce sens, l'encadrement des activités bancaires et plus largement financières – la crise récente ayant montré la minceur de leurs frontières – relève des devoirs du souverain pour paraphraser Smith qui, en bon libéral, a cherché à énoncer les conditions dans lesquelles la puissance publique devait interférer dans les affaires économiques. À ce titre, il faut encastrer les banques elles-mêmes. Jusque-là, les tentatives de (re)réglementation des banques ont pris plusieurs formes aux États-Unis et en Europe : limitation partielle de leurs activités de *trading* propres, tentatives plus ou moins abouties (plutôt moins que plus) de contenir les rémunérations de leurs salariés et de borner les primes calculées sur les plus-values de court terme des traders, interdiction conditionnée de certaines opérations off shore, etc. Mais on est bien loin du compte, comme le prouve la récurrence des flambées de distribution de dividendes et de boni des banques ou les faillites de-ci de-là qui font ressurgir le spectre des fraudes (comme celle du courtier américain MF Global le 31 octobre 2011). La publication le 2 novembre 2011 du second rapport conjoint des Amis de la terre et d'Attac (Association pour la taxation des transactions financières et pour l'action citoyenne) sur des banques opérant en France en témoigne : « Sont-elles [les banques] responsables, remplissent-elles leurs missions en faveur de l'intérêt général et des parties prenantes concernées par leur activité ? [...] Pour la plupart des banques françaises, la réponse est clairement négative » (voir http://www.amisdelaterre.org/IMG/pdf/rapport_banques_final.pdf). En quoi consisterait alors un véritable encastrement des banques ? La réponse n'est plus si évidente mais rien n'oblige à renoncer à cette exigence qui seule permettra d'inventer les modalités d'une nouvelle forme d'encastrement qui passe par une nationalisation ou plutôt une socialisation des fonctions des banques.

En bref, encastrer l'argent par l'État signifie trois choses : assurer l'égalité de circulation sur le territoire souverain entre riches et pauvres comme entre marchandises et personnes étrangères ; assurer la survie du corps social ; assurer la prise en compte de l'intérêt commun dans la gestion monétaire, c'est-à-dire la stricte corrélation de la souveraineté politique et du numéraire en vigueur. Ces trois significations ont un avantage : elles désamorcent d'avance toute querelle idéologique entre libéraux et antilibéraux ou régulationnistes comme entre réformistes et révolutionnaires, puisqu'elles peuvent se justifier pour des raisons absolument opposées. Par exemple, la gratuité ou le faible coût des transports peut se justifier contre le marché, qui tend au contraire à ne rendre les transports accessibles qu'aux plus nantis, mais peut se justifier aussi comme condition minimale pour offrir à chacun un libre accès au marché. Mais elles ont aussi un immense inconvénient : elles obligent à penser les politiques publiques de l'argent comme des politiques sans cesse à réinventer selon les conditions actuelles de chaque société et de chaque économie – ce qui est un drame terrible pour toutes les paresses de l'esprit.

Libéraliser l'argent

Libéraliser l'argent, c'est apparemment la politique la plus contradictoire avec celle de l'encastrement. Et pourtant, c'est aussi bien celle sans laquelle toute politique de l'encastrement serait sans doute vouée au désastre. Car encastrer l'argent par des pouvoirs extra-économiques n'est jamais la garantie d'un rapport politiquement sain avec l'argent. Et cela pour tous les sens possibles de l'encastrement. C'est le cas pour l'encastrement religieux. Les dépenses somptuaires comme la réglementation stricte de l'usure et de l'échange spéculatif ont sans doute freiné le développement du capitalisme et avaient parfois la splendeur les cathédrales romanes et gothiques, mais ils n'en reposaient pas moins sur des fondements politiquement insupportables : des inégalités sociales massives et figées, un sous-développement économique des campagnes traversées par des famines chroniques, la tyrannie du compagnonnage, etc. Or il est probable que toute politique de dépenses sans contrepartie reposera toujours sur de telles bases : les apothéoses de l'inutile sont trop souvent payées par ceux pour qui il serait le plus utile qu'elles n'aient pas lieu. Bataille n'en est pas dupe et théorise justement la déduction nécessaire entre dépenses et sacrifices d'une part, cruauté d'autre part : on ne détruit pas pour être heureux et « gentil », on détruit les biens pour que notre cruauté vitale n'en revienne pas aux sacrifices humains. Mais c'est une déduction qui est insupportable démocratiquement, du moins tant qu'elle demeure décidée par les seules puissances du jour : s'il est vrai que c'est l'argent qui crée la rareté et fait perdre le sens de l'abondance, l'abondance au nom de tous ne sera jamais l'abondance pour tous. De ce point de vue, on ne saurait assumer complètement le point de vue bataillien, qui voue à la même incompréhension utilitariste de la notion de richesse tous ses indicateurs concurrents : à tout prendre, on préférera toujours ceux qui prennent en compte le bien-être des populations et la préservation de l'environnement à ceux qui ne mesurent que l'augmentation des richesses produites. En ce sens, s'il est vital de préserver un certain sens de la dépense gratuite, du potlatch, de la destruction homéostatique (permettant de revenir à l'équilibre), cette préservation n'est démocratiquement acceptable qu'à condition de s'accompagner d'une libéralisation généralisée : il faut que l'argent circule partout et qu'il puisse être détruit par tous, dans une même jouissance extatique, si l'on veut que les dépenses consumatrices ne se réduisent pas au rang de simples instruments de préservation de l'ordre établi, voire de provocations cyniques. Cruauté bien ordonnée commence par soi-même.

Il en va de même de l'encastrement par les pauvres. C'est ce que remarque encore entre les lignes Viviana Zelizer : le marquage de l'argent est certes un moyen de le soumettre à des finalités extra-économiques, mais rien n'indique que ces finalités soient en soi politiquement respectables – c'est aussi bien un moyen de se soumettre les femmes (l'argent qu'on leur octroie étant presque entièrement marqué : pour les courses, la maison, les enfants...), de se soumettre les pauvres (l'argent qu'on vous donne est pour manger ou pour économiser, pas pour boire ou dépenser), voire les autres (par le système des cadeaux d'argent marqué : je te donne ceci mais pour que tu t'achètes cela). De ce point de vue, l'autorisation pour les femmes d'ouvrir un compte en banque indépendamment de l'autorisation de leur mari, ou le *Social Security Act* de 1935 aux États-Unis, qui monétarise complètement l'aide sociale, interdisant notamment aux administrations de faire des dons en bons d'achat, et plus généralement d'avoir un « rôle directeur » ou un « droit de contrôle » sur les sommes allouées, apparaissent comme d'incontestables progrès : effacer le marquage de l'argent, c'est reconnaître aux pauvres comme aux minorités la pleine capacité d'user de leur argent comme ils le souhaitent, y compris n'importe comment. Ce n'est donc pas parce qu'on est pauvre que l'on doit se comporter comme des riches qui croient eux-mêmes se comporter comme des pauvres en comptant chaque sou. En d'autres termes, il faut clairement distinguer entre un bon marquage, immanent aux pratiques des plus démunis, et un mauvais marquage, transcendant, venant toujours d'en haut : de l'État, des employeurs, des Blancs, des maris, des parents. Et pour se débarrasser du second, la seule politique qui vaille est libérale, mais au sens où elle joue à plein contre l'idéologie puritaine libérale à l'origine du capitalisme.

Symétriquement, l'encastrement par les riches, c'est-à-dire l'évergétisme ou le mécénat, n'a lui-même de sens que dans une société où l'argent circule déjà dans toutes les classes de la société. Sans cela, sans une telle libéralisation préalable de l'argent, il ne s'agit plus que d'une politique impériale ou monarchique : un moyen d'acheter la paix sociale à bas prix, c'est-à-dire sans octroyer le moindre partage démocratique du pouvoir. Plus encore, le propre de tout marché est de pousser ses principaux agents à consolider leur position dominante en monopole ou oligopole pour échapper à la sanction du marché. Autrement dit, en pratique, le libéralisme économique fonctionne à l'envers de sa théorie : il ne tend pas vers un marché pur et parfait. Il ne suffit donc pas que l'argent soit libéralisé en amont d'une obligation sociale de solidarité, il doit l'être encore en aval. Les lois anti-trust aux États-Unis promulguées dès la fin du XIXe siècle constitueraient alors un exemple d'une telle politique : l'argent ne doit pas se constituer en puissances extérieures à la liberté économique. C'est pourquoi il ne suffit pas d'offrir aux puissances de l'argent un prestige social en échange de leurs libéralités à l'endroit de la société : il faut encore que ce prestige à la fois soit partagé par le plus grand nombre et qu'il ne puisse pas servir à consolider une position de domination économique.

Enfin, on pourrait montrer la même chose pour l'encastrement par l'État. Car tous les systèmes de redistribution monétaire et de subventions publiques que l'on peut concevoir tendent à se gripper et à profiter toujours aux mêmes bénéficiaires. On sait que l'encastrement des banques par l'État, quand il se réduit à leur nationalisation, n'est pas toujours garant d'une meilleure gestion. On sait que la Sécurité sociale ne profite pas tant aux pauvres, qui en usent peu, qu'aux classes moyennes et supérieures. On sait encore que les économies de subvention dans le cinéma et les arts en général créent des niches institutionnelles, des artistes officiels, des micro-potentats parfaitement népotiques. L'argent s'avère en vérité aussi *visqueux* quand il est contrôlé par l'État que lorsqu'il est censé circuler librement sur le marché : il colle toujours aux mêmes mains et revient toujours aux mêmes endroits.

En quelque sorte, il ne s'agit pas de dire qu'une économie entièrement dirigée fonctionne mal et qu'il ne faut donc pas trop réglementer. Il s'agit de dire qu'une juste politique de l'argent doit combattre à la fois sa trop grande fongibilité et sa trop grande viscosité, c'est-à-dire sa double capacité d'une part à circuler sans cesse, d'autre part à circuler sans cesse entre les mêmes mains. Il ne s'agit donc pas de modérer la réglementation par un peu de libéralisme, il s'agit de soutenir qu'il faut plus de réglementations visant à l'encastrer et, dans le même temps, plus de réglementations visant à le libéraliser : libéralisations et encastrements ne s'excluent pas nécessairement, l'un constitue même plutôt la condition démocratique de l'autre, et tous deux relèvent d'une même exigence de réglementation puisque, laissé au libre usage de chacun, l'argent ne circule jamais librement très longtemps.

Sanctuariser l'inévaluable

Il y a du non-monétaire et du non-monnayable, il y a de l'inévaluable, il y a des fins extra-économiques qui échappent à tout calcul coût/avantage. C'est ce sur quoi *s'appuie* toute politique d'encastrement : s'inspirer de la religion, des comportements individuels ou des mécanismes de redistribution de l'État, pour faire en sorte que l'argent ne règne pas en maître. Et c'est aussi ce sur quoi s'appuie aussi bien toute politique volontariste de libéralisation : parce qu'il y a des dignités, des désirs et des jouissances, sinon hors argent du moins hors de prix, au sens propre, il est important de leur ouvrir l'accès à la vie monétaire si l'on ne veut pas que de telles dignités ne se payent nécessairement au prix de la pauvreté. On risque pourtant toujours de perdre le sens de l'inévaluable dès qu'on cherche à s'en servir pour encastrer l'argent ou pour le libéraliser, puisque celui-ci tend sans cesse à s'émanciper du rôle de moyen ou d'instrument dans lequel on essaie de le contenir pour s'ériger en fin dernière. Dans cette mesure, il est nécessaire encore de faire appel à une politique inverse : non pas encastrer l'argent dans la société mais libérer certains pans de la société de toute prise monétaire, non pas faire que l'argent puisse effectivement circuler entre toutes les mains mais l'empêcher d'en atteindre certaines ; en bref, sanctuariser l'inévaluable.

Les trois domaines privilégiés qui exigent une telle sanctuarisation politique sont sans doute l'éducation, la culture et la santé. L'éducation et la culture car elles seules peuvent porter et affirmer les valeurs et les finalités extra-économiques d'une société : former des citoyens libres ou leur donner libre accès à une vie culturelle digne de ce nom n'a pas de prix et ne peut pas s'évaluer. Et la santé car elle seule fait se heurter tous les calculs économiques contre l'inévaluable par excellence : la vie humaine, qui est sans prix. De ce point de vue, la plupart des problèmes concernant les politiques spécifiques d'éducation et de santé à mener sont heureusement de faux problèmes en démocratie. À moyens constants, vaut-il mieux élever tous les enfants à un niveau moyen ou pousser avant tout les meilleurs jusqu'au bout de ce qu'ils peuvent ? Vaut-il mieux soutenir les formes les plus populaires ou les plus élitistes de création culturelle ? Pour le même coût financier, vaut-il mieux tenter les thérapies les plus expérimentales et les plus chères pour un cancéreux en fin de vie ou financer une campagne de vaccination dans le tiers monde qui pourrait sauver des milliers de vies ? Ce sont des problèmes qui, en droit, ne peuvent pas se poser parce qu'il est impossible de les trancher en termes financiers : une éducation, une culture et un système de santé démocratiques sont nécessairement élaborés à la fois pour tous et pour chacun, sans priorité possible du bien commun sur le bien individuel et inversement. Aucun professeur ne pourrait enseigner s'il pensait de manière contradictoire l'intérêt individuel de ses élèves et leur intérêt commun. Aucun artiste ne pourrait créer quoi que ce soit si l'adresse de son art n'était pas indéterminée. Et aucun médecin ne pourrait soigner qui que ce soit s'il devait penser qu'il ne peut soigner Pierre qu'aux dépens de Paul. C'est cela, le sens d'une politique de sanctuarisation : protéger les activités fondamentales de la vie humaine de tout calcul économique.

Et pourtant ces problèmes qui ne peuvent pas se poser en droit ne cessent pas de se poser en fait. Non seulement parce que de tels sanctuaires coûtent en fait infiniment cher dans des sociétés démocratiques où il s'agit d'offrir une éducation, une culture et une santé pour tous, mais parce que de tels problèmes ne cessent de faire retour par toutes les fenêtres qu'ils gardent nécessairement ouvertes sur le monde économique : légitime demande des élèves et des étudiants de recevoir une formation qui leur permette de vivre convenablement au dehors, légitime demande du public de jouir des spectacles et des fêtes qu'il souhaite, légitime demande des patients de pouvoir choisir leur médecin et d'avoir un regard sur les thérapies qui leur sont dispensées. On peut donc protéger autant qu'on voudra professeurs, artistes, médecins et personnel soignant de calculs en termes de coûts/avantages, il y aura toujours besoin d'une économie de l'éducation, d'une économie de la culture, d'une économie de la santé. Ce ne sont jamais les seuls murs des écoles, des théâtres, des hôpitaux qui pourront empêcher les questions d'argent de revenir constamment se poser. Sauf à réduire les écoles à des machines à produire de la frustration sociale, les théâtres à des lieux désertés, et les hôpitaux à des lieux d'enfermement.

Dans cette perspective, la politique de sanctuarisation des fondements de la vie démocratique apparaît à la fois comme la politique la plus nécessaire et la plus aporétique. On peut toutefois lever en partie cette aporie en précisant le sens que prend ici la notion de sanctuaire. Si on l'entend au sens religieux, en se contentant de le séculariser, il n'y a pas de solution, et dans des sociétés libérales, l'enseignement, la culture et la santé sont appelés à connaître le sort des religions révélées – non à disparaître, mais à être fragmentés, dispersés et instrumentalisés par les logiques du profit et du calcul d'intérêt. En revanche, on peut l'entendre en un autre sens : au sens où l'on parlait pendant la guerre du Vietnam de « sanctuaires » viet-cong, c'est-à-dire de ces zones de résistance que l'armée américaine avait beau encercler, bombarder, couvrir de napalm, et qui demeuraient imprenables. Pourquoi ? Parce qu'ils se déplaçaient sans cesse, n'étaient jamais là où on croyait les trouver. À suivre alors une telle métaphore, sanctuariser l'éducation, la culture et la santé des logiques de l'argent ne signifie plus dresser des murailles ou ériger des monuments, mais faire d'une telle sanctuarisation un processus continu qui passe à l'intérieur des murs des écoles, des théâtres et des hôpitaux, en déplaçant sans cesse le rapport à sanctuariser : du rapport professeur/élève, médecin/patient, artiste/public au rapport entre les professeurs, entre les élèves, entre les artistes, entre le personnel soignant, et encore au rapport entre l'administration économique de ces institutions et leurs personnels.

Concrètement, cela signifie que le débat entre les tenants de la marchandisation de secteurs fondamentaux de la vie démocratique et les tenants de leur exceptionnalité (exception de l'école républicaine, exception culturelle, exception de la santé) est un débat mal posé. Il faut de l'exceptionnalité, sauf à renoncer à toute politique démocratique, mais il faut que cette exceptionnalité soit sans cesse déplacée et réinventée, sauf à les laisser se perdre dans un nouveau et mortifère mépris du monde.

Par exemple, pour l'éducation, au lieu de rouvrir la querelle entre public et privé, considérer que l'ensemble des établissements privés sous contrat sont aussi les rouages d'une éducation publique, puisque subventionnée par des fonds publics, et que la communauté politique est donc en droit d'exiger bien davantage de tels établissements en termes de mixité sociale, de suivi des élèves en difficulté, etc. ; et *a contrario*, considérer que les établissements publics sont aussi des... établissements publics, et donc tenter de les homogénéiser bien davantage en termes de qualité des enseignements comme en termes de formation et d'affectation de l'encadrement administratif. De même pour les politiques de la santé : le problème actuel, au moins en France, réside sans doute bien moins dans l'opposition entre médecine hospitalière et médecine libérale que dans le fait que les hôpitaux publics sont aujourd'hui gérés comme des entreprises privées tandis que tout un pan de la médecine et de la pharmacie libérales de proximité (tous les médecins, infirmiers et pharmaciens des pauvres) se sent abandonné par les pouvoirs publics. Et quoi de mieux pour court-circuiter un tel chiasme absurde que de réinvestir dans des formes de santé publique aujourd'hui à l'abandon : infirmerie et médecine du travail, infirmerie et médecine scolaires, dispensaires municipaux... De même encore, pour la culture : au lieu d'opposer dogmatiquement art subventionné, produisant potentats institutionnels et réseaux clos, et marché de l'art, produisant serviteurs et cochonnerie, ne serait-il pas plus judicieux de déplacer sans cesse les aides et les commandes en fonction des capacités des uns et des autres à créer et du nouveau, et des nouvelles formes de communauté artiste ? On pourrait multiplier les exemples, mais l'essentiel est de comprendre ceci : quand il s'agit de sanctuariser l'inévaluable, il ne s'agit jamais de sanctuariser des personnes et des réseaux, mais de sanctuariser une idée (de l'éducation, de la santé, de la culture...), et donc d'apprendre à déplacer sans cesse les lignes de fracture et de... facture.

La légèreté de l'argent et le roc de la misère

Au final, la première exigence face à l'argent ne relève donc ni de la morale ni de la science économique, mais surgit au-delà les deux, c'est-à-dire dans le domaine de la politique démocratique, entendue comme art de l'articulation du plus intime et du plus commun. Une telle articulation est ainsi toujours appelée à être impure, imparfaite, provisoire, et même en partie contradictoire : tissée à la fois de principes et de pragmatisme, d'encastrement et de libéralisation, de destruction pure et de redistribution plus équitable, de protection et de déplacement. Mais c'est bien en ce sens qu'elle se révèle irrémédiablement politique, c'est-à-dire sans solution idéale et devant sans cesse être redéfinie en fonction des rapports de forces, de l'imagination et de la subtilité politiques du moment. Aucune morale ne peut plus nous donner à espérer un rapport sain aux autres, aux choses et à soi-même qui soit entièrement libéré de toute question monétaire, et aucune théorie économique ne peut nous convaincre que l'argent puisse être réduit à n'être qu'un instrument neutre, transparent, non problématique, d'échange, de compte et de thésaurisation. Il n'y a que la politique pour reposer à chaque fois les mêmes questions et chercher à chaque fois des solutions nouvelles.

Dans cette perspective, les questions d'argent apparaissent en fin de compte comme des questions « légères », puisque libérées du poids de la faute et des solutions définitives : l'argent est un mistigri, ou un diablotin, qui n'est ni dieu ni diable parce qu'il échappe sans cesse aux prises du concept, quel que soit son champ – se dressant comme réalité objective et sociale quand on cherche à le réduire à un simple rapport subjectif privé, et s'échappant en chapelets de jouissances et de cruautés intimes quand on cherche au contraire à le réduire au rang de simple instrument objectif. S'il est donc nécessaire de prendre sa question au sérieux, puisque tant de vies humaines sont en jeu dans les différentes configurations politiques au sein desquelles il peut s'inscrire, un tel sérieux ne doit pas s'abîmer dans l'esprit de sérieux et ne pas s'interdire d'en rire. À maints égards, l'humour est même peut-être au final la manière la plus sérieuse de concevoir l'argent puisque l'un et l'autre partagent le même rapport au non-sens, à la fois condition de toute élaboration du sens et simple signifiant flottant, sans référent, rabotant tout sens trop massif et circulant sans fin dans les pratiques et les discours, au moins jusqu'à ce qu'on éclate de rire pour ne pas devenir fou et gagner un peu de repos. Ce n'est pas pour rien que l'argent est, avec la sexualité, le domaine où l'humour s'en donne le plus à cœur joie : réalité aussi vitale qu'absurde, aussi propre à susciter l'indignation face aux grands scandales très matériels de l'argent (corps abandonnés, vies détruites) qu'à susciter la dérision et le scepticisme face à toute position dogmatique tant l'amour de l'argent est au fond une chose si dérisoire, si abstraite, si insignifiante. En ce sens, si désigner l'argent comme une « abstraction matérielle » n'est ni un oxymore ni une contradiction comme nous avons tenté de le montrer plus haut, il est probable qu'une telle nomination relève en dernière instance d'un art de la farce et de la légèreté moqueuse : pauvre humanité qui se perd à chercher le matérialisme dans la convention la plus abstraite, un réel qui lui échappera toujours (le réel de la jouissance) dans le symbole le plus vide, le sérieux le plus angoissé dans la frivolité la plus inintéressante. Ah Harpagon ! Ah humanité !

Une telle légèreté est toutefois le contraire d'un renoncement politique : elle enjoint avec force à chacun de s'emparer démocratiquement des problèmes pratiques de l'argent par-devers toute autorité et tout discours de vérité. En revanche, c'est sans doute un renoncement théorique : il n'y aura jamais de « théorie générale de l'emploi, de l'intérêt et de la monnaie » qui nous dira la vérité définitive de l'argent, que ce soit en théorie morale, économique, ethnologique, sociologique, historique, psychologique ou, pis encore, éclectique. Mais un tel renoncement n'est que partiel car sans théorie de l'argent il n'y aurait même plus de délibération démocratique possible autour de sa question ; on ne saurait en effet même plus de quoi on parle. En ce sens, ce n'est pas tant à la passion théorique qu'il faut renoncer qu'à la manière dont celle-ci peut se parer des attributs de l'autorité pour imposer des politiques de l'argent qui, en dehors d'une authentique délibération démocratique, seront à jamais arbitraires. Aucune autorité ne saura jamais nous dire ni comment il est bon de se comporter avec l'argent ni entièrement ce que c'est : c'est à chaque société de se risquer et d'expérimenter des solutions qui seront toujours partielles et en instance de reconfiguration. C'est pourquoi il est essentiel d'en reposer sans cesse la question publiquement et politiquement. Mais c'est pourquoi aussi il est tout autant essentiel de la reposer avec humour et légèreté, c'est-à-dire avec la conscience de celui qui sait bien qu'il n'y a ni vérité ni solution définitives à en attendre.

L'ultime enjeu serait alors de se demander jusqu'où une telle légèreté peut être moralement tenable. C'est facile avec la théorie : nous venons de croiser des théories de théories qui prétendaient toutes dire la vérité et qui ne disaient jamais la même chose. Le scepticisme est ici de bonne guerre. C'est facile encore avec les diabolisations ou au contraire les réhabilitations morales un peu trop univoques. Un peu d'épicurisme bien compris y remédie sans souci : l'argent est sain tant qu'il permet d'accéder à des plaisirs naturels et nécessaires, néfaste au-delà. C'est plus facile encore quand on se préoccupe écologiquement de la préservation de la planète, tant une croissance nourrie par les activités financières, même si c'est à terme un non-sens, est bien davantage dans l'instant respectueuse de l'environnement que les croissances industrielles à la chinoise. L'argent ne mange pas la terre. Le nucléaire, les barrages pharaoniques, le tout-en-voiture, la consommation de masse, si. La légèreté demeure même possible avec les inégalités de richesses bien que l'amour démocratique de l'égalité proportionnelle s'en trouve quelque peu violenté. Après tout, que m'importe que Lloyd C. Blankfein, à la tête de la banque américaine Goldman Sachs, gagne en un an 400 fois mon salaire annuel tant que je puis disposer de ma vie à ma guise ? Une pincée de stoïcisme suffit à me le rappeler.

En revanche, toute légèreté semble disparaître face au roc de la misère. Que des hommes meurent de faim, ou à tout le moins vivent dans des conditions épouvantables, réduits à se nourrir dans les poubelles ou à tuer et voler, c'est doublement insupportable. D'abord parce que la monétarisation de l'économie mondiale, détruisant toutes les formes économiques traditionnelles, porte une responsabilité considérable dans les misères actuelles du tiers monde et du quart monde. Pas une responsabilité totale, ce n'est tout de même pas l'argent qui a inventé la sécheresse, les criquets, le froid, ou les maladies, mais une responsabilité considérable comme l'a bien montré Mike Davis à propos des famines qui firent plus de cinquante millions de morts en Asie, en Afrique et en Amérique latine à la fin du XIXe siècle : ce n'est pas l'argent qui produit les catastrophes naturelles mais c'est une certaine politique de l'argent qui leur donne une ampleur considérable [10]. Ensuite et surtout, parce que grâce à l'argent, régler la question de la misère dans le monde apparaît comme une solution à portée de main bien que sans cesse différée : il suffirait que les pays riches diminuent de 2 % leurs dépenses militaires et les transforment en aide aux plus démunis pour qu'il n'y ait plus de misère : encore de la pauvreté, mais plus de misère [11].

Et pourtant, il faudrait pouvoir résister à un tel retour de la moralisation de l'argent par la bande ultime de la misère. Il faudrait pouvoir conserver sa légèreté et son rire parce que la compassion ne nourrit pas la vie de l'esprit, ne permet justement pas d'inventer librement, et risque même, comme dit Nietzsche, de conduire toute l'humanité à sa propre destruction. Il faudrait pouvoir retrouver le geste par lequel Marx rappelait à Proudhon que toute « philosophie de la misère » est une « misère de la philosophie » parce qu'elle fait s'abîmer le concept dans le sentiment et le jugement. Mais une telle résistance est difficile. À coup sûr même, elle dépasse toute force individuelle : nul ne peut gravir par lui-même le roc de la misère humaine s'il se pose comme sujet minimalement moral. C'est pourquoi il est encore nécessaire de demeurer sur le seul terrain politique. À la fin des fins, face à la misère, c'est toujours la seule légèreté politiquement engagée qui peut nous préserver aussi bien de la pesanteur morale que de la légèreté cynique ou académique.

Conclusion

L'argent politique

> « En fin de compte, il avait (comme je l'ai dit plus haut) soixante-trois manières de trouver de l'argent ; mais il en avait deux cent quatorze de le dépenser, sans compter ce qu'il devait engouffrer par l'embouchure qu'il avait sous le nez. »
>
> Rabelais, *Pantagruel*

Pour achever ce parcours, il serait bon de garder à l'esprit la drôlerie furieuse avec laquelle Rabelais décrit, au chapitre 17 de son *Pantagruel*, les multiples manières qu'a Panurge de gagner et de perdre de l'argent, en suivant les croisades, en faisant et perdant des procès, en mariant des « vieilles sempiternes », en buvant jusqu'à plus soif, etc. Car son héros a ce charme formidable de faire éclater tous les stéréotypes, tous les préjugés, toutes les contradictions : il est avide et généreux, roublard et fidèle, chrétien et païen, entreprenant et indécis, fabulateur et savant, paillard et ascète, escroc et naïf pigeon, faisant de la question de l'argent une obsession et une dérision, un enjeu fondamental et une scolastique grotesque. Or force est de constater qu'à certains égards toute notre démarche fut inscrite sous le signe de l'épopée panurgique. On a ainsi vu que la plupart des morales se brisaient tantôt sur le trop facile mépris de l'argent de ceux qui n'en sont pas dépourvus, tantôt sur sa trop rapide réhabilitation dans l'aveuglement des océans de misère, d'inéquité et de crimes que pouvait produire l'*auri sacra fames*. De même, on a vu la plupart des théories économiques impuissantes à penser cette monnaie trop sociale et trop psychologique, trop commune et trop intime. Enfin, on a bien vu que la nature de l'argent était sans doute d'essence politique, mais justement au sens où la politique n'a pas d'essence et n'est pas une science, seulement un art de « faire avec » comme on peut, et toujours de manière en partie contradictoire et en partie bricolée.

Est-ce à dire que, face aux multiples contradictions de l'argent, il ne reste en vérité que le grand rire d'or rabelaisien, c'est-à-dire apprendre à pester contre quand on en manque, à faire bombance quand on en a, et à tâcher de s'en moquer le plus souvent possible ? Pas tout à fait, du moins peut-on l'espérer, et ce, même si la grande sagesse panurgique n'est déjà pas si mal en ces affaires. Mais alors, qu'a-t-on appris, étant entendu que nous n'avons eu de cesse de montrer qu'il n'y avait pas de vérité absolue de l'argent, dans aucun domaine, suivant aucune perspective spécifique ? Puisqu'il ne peut donc s'agir que d'un savoir limité et relatif, il peut être intéressant d'essayer d'appliquer à cette question de l'argent les trois questions par lesquelles Kant définissait, dans la seconde préface à la *Critique de la raison pure*, les enjeux d'une pensée critique : que puis-je savoir ? que dois-je faire ? que m'est-il permis d'espérer ? Car, au fond, ce sont des questions similaires qu'il est légitime au final de se poser : que puis-je connaître de l'argent ? que dois-je en faire pour mon propre compte ? et que m'est-il permis d'en espérer ? Mais ne soyons pas dupes : malgré l'habillage rhétorique, il est peu probable, heureusement ou malheureusement, qu'il reste grand-chose au final des positions authentiquement kantiennes.

L'argent, question d'éthique

Nous avons commencé par la deuxième, parce que c'est la question que tout le monde se pose spontanément et que l'un des enjeux essentiels était justement de montrer combien l'argent est un problème commun avant d'être une question de spécialistes, ou une croix pour les plus pauvres, ou une jouissance plus ou moins secrète pour les plus aisés. Et aussi parce qu'il ne sert à rien de savoir ce qu'est la monnaie – matériellement ou, justement, immatériellement, ses formes et ses mesures – pour avoir une éthique de l'argent, pour savoir comment se comporter avec lui ; d'ailleurs, les économistes, les banquiers ou les financiers en général, qui sont au plus proche de ce savoir, ne sont pas moins touchés que les autres par ses différentes pathologies (avarice, générosité extravagante, déni, etc.). Mais au fond, chez Kant aussi, c'est la question la plus importante, la question de la morale, sur laquelle tout son système repose. Alors qu'a-t-on précisément appris ?

De nos pérégrinations à travers les différentes morales de l'argent, il ressort avant tout qu'il n'y a pas de bon rapport à l'argent. Aucune éthique ne permet d'édicter un bon comportement avec l'argent, valable toujours et partout. On ne peut même pas espérer avoir de rapport sain à l'argent, même si chacun en rêve ; c'est une sorte d'illusion transcendantale, là encore au sens kantien – on a beau le corriger, savoir que c'est impossible, on croit encore pouvoir y parvenir. Une telle aporie se révèle certes décevante au premier abord : des ritournelles communes sur l'argent, dont nous sommes partis, nous ne sommes parvenus qu'à un cul-de-sac moral puisque nulle philosophie ne répond définitivement à la question éthique de l'argent. Et même l'économie, la discipline qui devrait s'appuyer sur la connaissance de la monnaie, ne sait pas énoncer de bon rapport à l'argent : les keynésiens sont accusés de défendre à l'excès la dépense et l'endettement, les néolibéraux de vouloir systématiquement réduire les dépenses et les coûts pour éviter tout déficit. Prodigalité étatique face aux crises contre rétention du petit épargnant, aucune éthique de l'argent ne s'impose définitivement à la lumière des théories économiques.

Pourtant, tout n'est pas vain. Les différentes approches éthiques de l'argent permettent quand même de formuler une réponse : le moins pathologique des rapports à l'argent est un rapport fluant, ductile, toujours en déséquilibre, et même instable car il ne peut être fixé une fois pour toutes. Il tend indiscutablement vers le juste milieu aristotélicien, juste milieu qui n'est pas un milieu géométrique mais bien une sorte de barycentre entre les deux pôles de la prodigalité et de l'avarice, la première pesant plus lourd que de la seconde. Mais du coup on a déjà un cadre : ce « moins mauvais des rapports à l'argent » se situe au-delà d'un certain minimum et en deçà d'un maximum. Et il peut au moins être fondé expérimentalement.

D'un côté, en effet, la cruauté du manque d'argent dans une société monétaire, la misère, étouffe le problème. La misère, à de rares exceptions près, empêche tout rapport un tant soit peu fluant à l'argent : s'il faut compter en permanence pour survivre, il n'y a plus qu'une dépendance – contrainte – à l'argent et trop peu d'éthique possible. La souffrance de la misère – misère, et pas pauvreté – réduit l'éthique à du superflu, pour l'argent comme pour le reste. Et qu'on cesse alors d'en vouloir aux miséreux de voler, de jalouser, de commettre des larcins, d'arnaquer leur prochain, quand l'argent n'est plus que pur moyen pour survivre.

De l'autre côté, l'excès d'argent contrevient à toute tentative éthique car il fait basculer dans l'indécence, l'absence d'*aidôs* au sens platonicien, c'est-à-dire l'absence de pudeur, de vergogne, de bienséance [1] ; il produit une extraction de la commune nature, et ce, aux plans à la fois individuel et collectif. Individuellement, les « super- » et les « méga-riches », comme ils se nomment eux-mêmes parfois (selon les propos du milliardaire américain Warren Buffett), ont beau, pour certains du moins, soutenir des ONG de défense des droits de l'homme ou de lutte contre le sida *via* des fondations, ils n'appartiennent plus *de facto* à la commune nature par le fait même qu'ils ne partagent plus rien avec les autres hommes dans leur rapport à l'argent. En d'autres termes, l'excès d'argent produit étrangement une forme de déshumanisation, au sens d'un clivage avec le reste des humains pour qui l'argent demeure une contrainte et un mal nécessaire.

Cette rupture est peut-être difficile à admettre dans des sociétés où le culte de l'argent et de la richesse est proprement institutionnalisé, depuis une trentaine d'années au moins, elle n'en est pas moins vraie. D'une part, statistiquement, Louis Chauvel, en traçant son « strombiloïde » (une représentation graphique des inégalités de revenus), indiquait au début des années 2000 qu'il lui aurait fallu quarante pages pour rendre visible sur une échelle commune les revenus de 99 % de la population française et ceux de milliardaires comme Liliane Bettencourt. Et c'était avant le creusement des inégalités dû à la progression mirobolante des revenus des plus riches du fait de l'explosion des revenus financiers entre 2001 et 2007. D'autre part, cette rupture est perceptible spatialement : la multiplication des *gated communities*, isolant les plus riches du reste de la population en faisant de la rue et du quartier des espaces privés, en témoigne. Enfin, politiquement, les années 2000 ont montré une aspiration de plus en plus explicite des plus riches à faire sécession, passant à la fois par l'affirmation de leur situation à part face à l'argent et la revendication, de ce fait même, de ne plus être redevables de rien à la société ; ce qui est pour le moins atterrant quand on sait d'une part que toute fortune familiale n'est jamais qu'un produit social (on ne devient jamais durablement riche sans le travail des autres) et d'autre part, que la majorité des *happy few* d'aujourd'hui tiennent leur fortune d'un héritage et de la réduction drastique des droits de succession dans les pays industrialisés depuis dix ans.

Deux exemples parmi d'autres peuvent éclairer cette pente sécessionniste des plus riches. D'une part, justement, l'extraordinaire efficacité de leur lobbying auprès des gouvernements pour obtenir la suppression ou l'amenuisement radical des droits de succession – qui ouvre la voie à la constitution de fortunes inégalables et de rentes pour ainsi dire perpétuelles –, mais surtout pour remettre en cause, dans son principe même, l'idée de redistribution au moment des successions. Autrement dit, la politique fiscale en matière de successions telle qu'elle prévaut aujourd'hui dans la plupart des pays du Nord entérine le fait que l'accumulation d'argent par quelques-uns dans des proportions parfois énormes doit être préservée et entretenue dans le futur grâce à l'héritage. Si ce n'est pas une victoire de la sécession, on ne sait pas ce que cela pourrait être d'autre.

D'autre part, la fin des plans de relance et le virage à 180 degrés opéré durant l'hiver 2009-2010 par les gouvernements occidentaux en faveur de politiques d'austérité budgétaire laissent entrevoir une autre forme de sécession : la crise a touché le plus grand nombre, mais une fois la récession passée (quand elle passe et si elle passe), chacun reprend son rôle. Non seulement les multiples analystes internationaux réclamant un nouveau partage des revenus au nom de la lutte contre l'endettement à l'origine de la crise n'ont pas été entendus, mais la position majoritaire parmi les élus nationaux a consisté à réclamer des baisses de dépenses publiques pour faire payer les plus pauvres. Un tel déni de solidarité révèle au fond l'idée sous-jacente selon laquelle tout doit être fait pour préserver et protéger les plus riches du reste de la société, de l'écrasante majorité de ceux qui ont besoin d'argent. Une étude de mars 2011 [a] montre ainsi que 60 % des sénateurs américains et 40 % des nouveaux élus à la Chambre des représentants sont millionnaires : faut-il y voir un lien avec le refus du gouvernement d'Obama d'augmenter les impôts pour réduire l'endettement public ? Au total, l'indécent excès d'argent fait s'effondrer toute question éthique en même temps qu'il mine profondément le lien social. Quant aux appels de quelques « méga-riches », notamment au cours du mois d'août 2011, à augmenter les impôts et taxes qui pèsent sur eux au nom de la solidarité, on peut les lire de deux manières : soit ils invalident le diagnostic d'une pente sécessionniste, soit au contraire ils le confirment car ils prennent acte du fait que rien – et sûrement pas une taxe exceptionnelle ou un relèvement de quelques points de l'impôt sur le revenu – ne peut plus mettre en danger leur richesse, si ce n'est la révolte pure et simple.

Mais cet excès est aussi indécent quand on en mesure la radicale inefficacité en termes de bien commun. Tout en laissant en suspens le fond de la question de la décroissance, qui relève de problèmes exogènes à celui de l'argent mais sans doute non moins brûlants (l'épuisement des ressources et le réchauffement

---

a Le Center for Responsive Politics, une ONG américaine qui se définit comme le « premier groupe de recherche sur l'argent et ses effets sur les élections et les politiques publiques aux États-Unis » a publié une étude sur son site OpenSecrets.org, le 9 mars 2011, selon laquelle 60 % des nouveaux sénateurs et « plus de 40 % des nouveaux élus de la Chambre des représentants » sont millionnaires (« Freshmen in 112th Congress exceedingly wealthy despite struggling national economy ») : *www.opensecrets.org/news/2011/03/as-a-class-congressional-freshmen-e.html*

climatique), il faut reconnaître que les enquêtes internationales ont de quoi étayer cette thèse. Comme l'analyse Jean Gadrey dans *Adieu à la croissance. Bien vivre dans un monde solidaire*[2], la corrélation entre le PIB/habitant et la « satisfaction de vie[a] » est manifeste jusqu'au seuil de 15 000 dollars par habitant ; au-delà, elle n'est plus vérifiée, ce qui pourrait signifier que, passé un seuil de revenu moyen par habitant, les écarts monétaires n'expliquent pas ceux de satisfaction moyenne de vie. Jean Gadrey en déduit que, étant donné la difficulté à interpréter cet indicateur de satisfaction moyenne de vie, compte tenu des modifications des normes sociales de bien-être, il faut aller plus loin pour prouver les limites des effets de l'enrichissement moyen. Il montre alors que tant pour l'espérance de vie que pour l'éducation (qui comptent parmi les indicateurs cruciaux de développement), au-delà respectivement de 18 000 et 12 000 dollars/habitant, la corrélation disparaît. Il en conclut ceci : « L'interprétation de tels résultats n'est pas immédiate, car une corrélation n'est pas une causalité. Mais ce qui fait le plus réfléchir est la disparition de toute corrélation au-delà de certains seuils (entre le tiers et les deux tiers du PIB/habitant en France), car cela conduit à penser que, dans tous ces domaines, on peut atteindre les mêmes résultats avec nettement moins de richesse économique. » Autrement dit, passé un certain seuil de confort moyen[b], les sociétés des pays développés à économie de marché ne sont pas plus

a La « *life satisfaction* » désigne le score, en terme de « bien-être subjectif », obtenu lors d'enquêtes nationales ou internationales au cours desquelles on demande à des citoyens sur une échelle, par exemple de 0 à 10, d'indiquer dans quelle mesure ils sont satisfaits de la vie qu'ils mènent. On peut ensuite déterminer le score moyen d'un pays pour faire des comparaisons internationales ou temporelles. Ce type d'enquêtes fait d'ailleurs l'objet d'une recommandation, dans le rapport Stiglitz-Sen-Fitoussi sur la mesure de la performance économique et le progrès social, qui invite à les multiplier afin de développer les analyses du « bien-être subjectif », lequel a le plus souvent été sous-estimé au profit d'une mesure dite du « bien-être objectif », c'est-à-dire de la production par habitant.

b Il est essentiel de rappeler que le raisonnement tenu ici porte sur des moyennes et que rien n'est dit des inégalités à l'intérieur des pays, tant en termes de revenus que de satisfaction de vie, d'espérance de vie ou d'éducation.

éthiques grâce à leur richesse. Deux pistes en découlent. D'un côté, la disparition de la corrélation ouvre en grand la question des choix politiques : quelle répartition des revenus pour quels objectifs ? Comme nous l'avons vu dans la troisième partie, l'absence d'éthique définitive de l'argent réactive la nécessité de poser la question des choix politiques. De l'autre, le juste milieu aristotélicien ne peut être recherché au-delà d'une certaine mesure ; mais une mesure de quoi ? Une mesure de la masse d'argent en circulation ou de la richesse et du pouvoir d'achat qu'elle implique ? Les enfants, quand ils jouent au Monopoly, brassent des sommes d'argent considérables : ils ne détruisent pourtant pas la planète et le plus riche n'est pas toujours celui qui a le plus de biens. Certes, c'est de la monnaie de singe. Mais, à ce qu'on sache, ce ne sont pas les singes qui sont aujourd'hui les plus à craindre. Autrement dit, ce n'est pas la somme absolue d'argent circulant dans une société qui pose problème, mais les usages et les modes de consommation qui en découlent.

C'est pourquoi, en dehors de seuils minimaux et maximaux relatifs, nous ne trouvons aucune forme d'éthique à défendre face au manque misérable d'argent ni, à l'inverse, face à sa surabondance. Certes, il existe bien des êtres rares, à la Rabelais, dont le rapport à l'argent, léger, prodigue, joyeux, ne laisse pas d'émouvoir et de susciter l'admiration. Mais on ne saurait les prendre pour des modèles moraux sauf à être dupe de leur narcissisme et de leur bonne étoile patrimoniale, quand ils en ont conscience ; ou à les corrompre par des louanges répétées, quand ils n'en ont pas conscience. Au fond, le vrai prodigue est celui qui permet à celui qui reçoit de lui de négocier les formes et les limites de cette prodigalité.

Aussi la question éthique n'est-elle aporétique qu'en apparence : elle tire finalement tout son sens de déplacer lentement le problème de la conscience intime de chacun vers la sphère publique. S'il y a une éthique de l'argent, c'est d'accepter que sa question n'est pas fondamentalement éthique, mais *commune* : le vrai enjeu c'est de savoir ce qu'est l'argent et comment il fonctionne. Autrement dit, il s'agit avant tout d'une éthique de la déculpabilisation, de la « dépédagogisation » (quoi de plus pathétique que l'idée d'une pédagogie de l'argent ?) et au fond de l'indifférence : peu importe comment chacun se comporte moralement avec l'argent à condition qu'il se pose la vraie question, commune à tous objectivement et non seulement subjectivement : qu'est-ce que l'argent et comment ça fonctionne ? Ce qui n'est pas tout à fait rien comme éthique car chacun doit y faire effort, tant il est difficile pour le philosophe de ne pas mépriser l'avare et l'esprit boutiquier, tout comme il est difficile pour l'avare ou le petit boutiquier, et à bon droit, de ne pas prendre la prodigalité philosophique comme une insulte à leur misère et à leurs calculs.

L'argent, question économique

Seconde question donc : Que puis-je savoir ? À quelles conditions puis-je apprendre quelque chose de l'argent ? Notons d'emblée que l'ordre kantien est déjà proprement subverti : la question morale, loin de fonder tout le système critique, l'a défait. D'où la réponse inévitable : cette question épistémologique est finalement tout aussi aporétique que la précédente. La théorie économique ne parvient pas en effet à dire ce qu'est l'argent mais préfère énoncer ses formes et ses fonctions. Du même coup, elle nous laisse désemparés face à une alternative sans résolution : soit la monnaie n'est qu'un pur instrument sans véritable nécessité, soit elle est une condition *sine qua non* des relations économiques – mais l'économie ne parvient à l'envisager comme telle qu'en sortant de son propre champ. C'est au fond en revenant à la nature humaine, aux conditions mêmes de la vie en société que l'étude de la monnaie nous conduit, de sorte que les échanges proprement économiques apparaissent paradoxalement presque secondaires ; étrange boucle qui nous fait partir des individus que postule la théorie économique pour en arriver à la société qui trace les bornes de l'individu et le vide pour ainsi dire de sa substance, puisque la monnaie n'a de sens que parce que l'individu seul n'est rien. En d'autres termes, les théories économiques de la monnaie qui s'en tiennent à n'en faire qu'un pur outil ne nous disent rien de ce qu'est la monnaie ; celles, plus hétérodoxes, qui y voient un nœud gordien à la fois de la constitution de la discipline économique comme science a-sociale et de la nécessité de mettre à bas les mythes d'un marché autorégulateur et de l'*homo oeconomicus*, buteront toujours sur l'immensité de l'histoire économique, politique, anthropologique et religieuse qu'elles doivent mobiliser pour rendre compte du fait monétaire.

Cette aporie des théories économiques ne signifie évidemment pas qu'elles n'ont rien à dire sur la question de l'argent. Simplement, leur rôle est à la fois à préciser et à redéfinir. En quel sens ? À quoi sert la science économique sur la question de l'argent ? Pas à inventer de nouveaux rapports macro- ou micro-économiques à l'argent. Là-dessus, les économistes, comme le sont les philosophes par rapport à l'histoire chez Hegel, seront toujours en retard par rapport aux gestionnaires, aux comptables, aux banquiers. Ces derniers sont les véritables inventeurs des différents instruments monétaires, et souvent ils se soucient comme d'une guigne de ce qu'est l'argent parce que tout simplement ils n'ont pas besoin de le savoir pour faire fonctionner la machine. Elle ne sert pas non plus à expliquer le vaste fonctionnement, réel et idéal, des économies capitalistes, non seulement parce que ce fonctionnement n'intéresse pas grand monde, mais surtout parce que ces économies ne cessent de dysfonctionner, de produire des conflits, des faillites, des souffrances, et c'est cela qui les rend intéressantes, cruelles mais intéressantes. En revanche, là où la science économique a un rôle essentiel et même crucial à jouer, c'est justement de démythifier aussi bien les instruments de gestion et de comptabilité de l'argent que les différentes représentations iréniques d'une économie qui fonctionnerait sans heurt s'il n'y avait l'irrationalité des agents ou la bêtise des politiques. Autrement dit, la science économique a un rôle essentiel, non en tant que science, mais en tant qu'art critique et démythificateur des leurres des instruments de gestion à toute fin de rendre l'économie réelle à sa vérité : celui d'un choix politique à délibérer en commun, en fonction des désirs, des fantasmes et des besoins de chacun, et non une question de savants. C'est bien là où la question de l'argent apparaît nodale : l'économie est la science du *problème* de la monnaie, non de sa solution, qui est toujours en dernier recours politique.

De ce point de vue, ce n'est pas pour rien que les seuls économistes intéressants d'aujourd'hui sont les économistes engagés politiquement qui mettent leurs travaux au service du débat public. Car eux seuls, progressistes ou réactionnaires, le savent, l'économie véritable n'a qu'un seul but : promouvoir une autre politique de l'argent, pour le meilleur ou pour le pire. Et en ce sens, on pourrait presque dire que toute économie véritable demeure marxiste, même la plus néolibérale. Si seulement Marx n'avait pas cru que l'économie politique était une science et s'il avait véritablement perçu la nature de l'argent : non simplement un « rapport *social* dissimulé sous un rapport entre des choses », mais un rapport *politique* susceptible de modifications permanentes en fonction de rapports de forces multiples, étatiques comme infra- et supra-étatiques. Soyons plus précis. Là où Marx se trompe, c'est au début du livre I du *Capital*, quand après un premier chapitre époustouflant sur le fétichisme de la marchandise et sa forme suprême, le fétichisme de l'argent, il énonce [3] : « Les marchandises ne peuvent point aller elles-mêmes au marché ni s'échanger elles-mêmes entre elles. Il nous faut donc tourner nos regards vers leurs gardiens et conducteurs, c'est-à-dire leurs possesseurs. Les marchandises sont des choses et, conséquemment, n'opposent à l'homme aucune résistance. »

Car il fait ici trois erreurs : d'abord, il est faux qu'en soi les marchandises n'ont aucune *vis inertiae*, aucune force d'inertie propre – elles peuvent s'échanger aujourd'hui librement les unes contre les autres, des logiciels informatiques déclenchant automatiquement des achats ou des ventes de matières premières ou de titres financiers. Par ailleurs, les marchandises opposent effectivement une résistance considérable aux hommes en tant qu'elles sont non pas des choses mais des signes monétaires dans lesquels ils se reconnaissent naturellement, étant eux-mêmes déterminés monétairement avant d'être déterminés par leur place dans la sphère de la production. Enfin, ce n'est pas exclusivement vers les possesseurs des marchandises et les possédés (c'est-à-dire les travailleurs en tant que marchandises), qu'il faut se tourner, mais vers tous les citoyens qui sont tous d'avance incarnés comme partie du même corps monétaire. Autrement dit, Marx voit bien que la véritable clé de l'économie réside dans le rapport entre des personnes et non dans le rapport entre des personnes et des marchandises, mais il est myope : il ne voit pas que les personnes en question, ce ne sont pas seulement les travailleurs et les capitalistes, mais tous ceux qui vivent dans une société d'argent – non seulement tous les citoyens, y compris les rentiers et le *lumpenproletariat,* mais aussi les personnes juridiques, les entreprises, les institutions financières, les États.

De ce point de vue, ce que les économistes doivent tous à Marx est limité mais clair : l'économie touche à la question de l'argent et n'est donc jamais neutre – l'idée même de neutralité de la monnaie sonnant à ce niveau comme une pure *Verneinung,* une pure dénégation. Mais de cette absence de neutralité on peut faire deux choses : soit prétendre encore à l'objectivité avec un atroce arrière-goût moral, soit s'engager politiquement. À cet égard, rien de pire que les appels à moraliser l'économie [4] et l'argent : c'est une pure régression qui perd sur tous les tableaux, celui de la vie politique et celui de la vie de l'esprit.

L'argent, question politique

Demeure donc, seule, la troisième question : que m'est-il permis d'espérer de l'argent ? Sautons sur les dimensions esthétiques et téléologiques que Kant lui confère d'abord, et disons d'emblée que c'est effectivement la question politique. Quelles politiques de l'argent défendre ? Dans quels buts, si l'argent est devenu le nouveau corps politique ? Au moins trois : encastrer l'argent, le libéraliser et le circonscrire.

D'abord, l'encastrement, dont Karl Polanyi a fait le propre de la société du XVIIIe siècle avant que l'idéologie libérale ne s'impose comme dogme, apparaît non comme un retour en arrière à une société précapitaliste, mais comme un mode de résistance à l'accumulation et à l'asservissement des hommes à l'argent qui traverse les sociétés humaines sous différentes formes – le don, la consumation, etc. Il s'impose aujourd'hui à la fois pour préserver un sens extatique, inévaluable de la vie, la part maudite selon Bataille, mais aussi pour marquer l'argent, c'est-à-dire le réarrimer aux pratiques humaines : comme les pauvres marquent leur argent en le destinant à des usages précis, nos sociétés doivent réactiver l'obligation faite aux plus riches de marquer le leur en donnant, en rendant à la société une partie de leur fortune. Autrement dit, réencastrer l'argent en défendant un évergétisme autrement plus exigeant. Mais il s'agit aussi que l'État prenne (ou reprenne ?) part à cet encastrement, au moins de trois manières : premièrement, en garantissant la possibilité réelle de circulation des hommes, au minimum à la mesure de celle des marchandises, en considérant que ce n'est pas seulement le principe de liberté de circulation mais bien la capabilité – au sens d'Amartya Sen [a] – des individus à pouvoir effectivement se déplacer qui est en jeu. Deuxièmement, l'État doit participer à cet encastrement par la promotion de la redistribution : la question d'une réforme fiscale est revenue dans l'actualité dans plusieurs pays développés depuis la crise de 2008, notamment en France, mais pour le moment rien ne laisse présager un véritable tournant en la matière. Les propositions de Camille Landais, Thomas Piketty et Emmanuel Saez [5] pourraient s'inscrire dans cette perspective dès lors qu'elles visent à réhabiliter la redistribution et mettent au jour l'iniquité du système fiscal français. Troisièmement, l'État, en Europe, doit enfin associer la gestion monétaire à une souveraineté politique, pas tant pour revenir sur l'indépendance de la Banque centrale par rapport aux gouvernements, que pour la soumettre vraiment à la délibération démocratique et enfin reprendre la main en matière de régulation bancaire. Sur ce dernier point, la crise de 2008 a été une occasion manquée remarquable, mais la crise des dettes souveraines en 2010-2011 a rappelé la nécessité de cette re-régulation à court comme à long terme.

Au total, cet encastrement de l'argent nous semble à la fois multiforme, absolument nécessaire et en même temps indissociable d'une libéralisation de l'argent. En effet, cette libéralisation

a Amartya Sen définit la « capabilité » comme la capacité d'une personne à être ou à faire quelque chose, *i. e.* sa liberté positive, ou encore « la possibilité effective qu'un individu a de choisir différentes combinaisons de fonctionnements, autrement dit une évaluation de la liberté dont il jouit effectivement ».

vise à empêcher que l'argent ne circule toujours entre les mêmes mains, que son marquage ne soit qu'un instrument de plus de domination des nantis ou de patronage des plus pauvres. Au fond, il s'agit de promouvoir à la fois plus de contraintes dans les usages de l'argent et plus de liberté, afin de lutter conjointement contre la trop grande fongibilité et la trop grande viscosité de l'argent.

Et, dans le même temps, il faut encore libérer certains pans de la société de toute prise monétaire, autrement dit défendre l'inévaluable, y compris dans des sociétés qui évaluent tout. Cette circonscription de l'argent au nom de la sanctuarisation d'activités qui nous semblent essentielles à la vie humaine – la santé, l'éducation et la culture – pourrait être moins utopique et plus réelle, si on l'envisage comme un processus sans cesse redéfini. La lutte de certains militants et ONG pour la non-marchandisation de l'éducation, de la santé et de la culture n'est pas nouvelle et peut donner l'impression d'un combat perdu ; pourtant, c'est en poursuivant dans les détails la résistance à la logique de l'argent que nous pourrons trouver un rapport un peu moins malsain à lui. Finalement, les politiques de l'argent que nous réclamons n'offrent aucune solution définitive et durable à l'emprise de l'argent, sans doute parce que nous ne croyons pas en une telle solution ; c'est, en revanche, à la fois par l'encastrement, la libéralisation et la sanctuarisation partielle, que nous semble possible – possible, pas gagnée d'avance, pas jouée une fois pour toutes – une vie convenable avec l'argent.

L'argent, non-question anthropologique

Finalement, sous un même habillage rhétorique, c'est à l'inverse du système kantien que nous avons dû raisonner : quand on pense à l'argent ce n'est plus le savoir qui se fonde sur la morale et se développe en téléologie (esthétique, naturelle ou politique), c'est plutôt la téléologie politique qui se pose comme question première, incertaine mais inventive, « effondant » du même coup (privant de tout fondement stable et de toute assurance) et la question du savoir et la question de la morale. Mais on doit aller encore un cran plus loin dans ce renversement, ou plutôt dans cette subversion, du kantisme (c'est-à-dire du système le plus génial pour exposer la manière ordinaire de raisonner) par l'argent. Car Kant, à la toute fin de sa vie, dans sa *Logique*, se dit que ces trois questions se réduisent au fond à une seule, la question anthropologique : « Qu'est-ce que l'homme ? » Or l'argent nous apprend exactement l'inverse : de l'homme, on ne saura au fond jamais rien, et c'est bien pour cela qu'il y a de la politique.

Certes, soutenir que l'argent vient de partout, est indépassable, et marque depuis toujours notre condition donnerait ultimement envie de défendre une thèse anthropologique : que l'homme est avant tout un animal monétaire. Et d'admettre que cette assertion, aussi élémentaire soit-elle, a quelque chose de ravageur. Pour Freud, l'orgueil humain aurait connu trois grandes humiliations : celle de n'être plus le centre de l'univers avec Galilée ; celle de ne plus être une espèce à part dans la nature avec Darwin ; et celle de ne même plus être « maître dans sa propre maison » après la découverte de l'inconscient par la psychanalyse. Mais il faudrait lui en ajouter une quatrième : le fait que l'homme n'use pas de l'argent comme d'un instrument qui lui serait extérieur et finalement surajouté, mais qu'il est lui-même argent, dans son corps comme dans son âme ; qu'il est un animal qui se vend à ses semblables et achète ses semblables ; qu'il est un animal qui ne cesse de calculer, d'évaluer et de mesurer. Sans doute pas toujours de la même manière. L'animal qui échange et calcule n'a pas toujours été et n'est pas forcément un *homo oeconomicus*. Il a pu employer sa propension à l'échange, au calcul, à la mesure, à d'autres fins que celles de son intérêt égoïste : à des fins cérémonielles et symboliques ; à des fins de combat et de reconnaissance ; à des fins de savoir ou de beauté ; à des fins de générosité et d'amour. Mais il a toujours calculé, mesuré, échangé et ne peut faire autrement : c'est sa loi, c'est sa nature. Et ce serait certes là une ultime humiliation : pauvre homme qui non seulement n'est pas maître chez lui, mais ne peut même pas exister, ni tout seul, tant il a besoin d'échanger, ni à plusieurs, tant il a besoin de calculer et qu'il n'y a pas d'Autres dans les « eaux froides et glacées du calcul », égoïste ou non.

Mais une telle anthropologie serait trop vaste et trop arbitraire. Oui, nous calculons, nous mesurons, nous échangeons depuis toujours. Mais il y a aussi tant de dimensions de l'existence où l'on ne calcule pas, où l'on ne mesure pas, où l'on n'échange pas, sinon dans une forme tout autre que celle de l'échange monétaire : quand on aime, quand on éprouve la beauté, quand on accède à une vérité. Toute anthropologie abstraite est toujours idéologique et vaine, effaçant ce qui ne l'arrange pas, en l'occurrence toujours l'amour, la beauté et la vérité, suivant une trilogie aussi éculée qu'indépassable. Simplement, il faut rappeler que l'amour ne sauvera pas le monde, contrairement à ce que pensait Jésus ; que la beauté non plus, contrairement à ce que croyait (très peu) Dostoïevski ; et que la vérité n'est pas nécessairement révolutionnaire, comme le voulait un slogan de mai 1968. Dans une société d'argent, il n'y a que l'argent qui peut nous perdre ou nous sauver, jamais pour toujours et entièrement, toujours partiellement et provisoirement, mais c'est déjà ça. Et si l'on préfère le salut à la perte, mieux vaut élaborer une politique de l'argent communément acceptée plutôt que de laisser l'argent nous guider seul vers notre ruine. Ce pourquoi il n'y a pas d'anthropologie de l'argent, seulement de la politique : du début à la fin, ne serait-ce que pour pouvoir penser de temps en temps, dans quelques sanctuaires fragiles et mobiles, à autre chose qu'à l'argent, c'est-à-dire à autre chose qu'à la politique.

Notes

Notes de l'introduction

1 Voir Michel AGLIETTA et Antoine RÉBÉRIOUX, *Les Dérives du capitalisme financier*, Albin Michel, Paris, 2004.

2 Selon Niall FERGUSON, dans *L'Irrésistible Ascension de l'argent. De Babylone à Wall Street*, Saint-Simon, Paris, 2009 : « J'y ai beaucoup réfléchi, nota Skilling devenu directeur général d'Enron en 1997, il n'y a que l'argent qui compte… C'est avec ça qu'on achète la loyauté. Les sentiments, ça ne compte pas. C'est lui qui tire les performances. »

3 André Orléan le formule en ces termes : « Il faut parler ici d'une force collective qui tient tous les joueurs ensemble, une forme d'auto-intoxication collective, à savoir l'opinion du marché », *in* Philippe ASKENAZY et Daniel COHEN, *16 nouvelles questions d'économie contemporaine*, Albin Michel, Paris, 2010, p. 17.

4 Voir Frédéric LORDON, *Et la vertu sauvera le monde…*, Raisons d'agir, Paris, 2003.

Notes du chapitre 1

1 Évangile selon saint Matthieu, XXII, 21.

2 Voir NIETZSCHE, *Généalogie de la morale*, trad. E. Blondel *et alii*, Garnier-Flammarion, Paris.

3 Voir Max WEBER, *L'Éthique protestante et l'esprit du capitalisme*, Pocket, Paris, 1989.

4 Voir FREUD, « Le début du traitement », *in La Technique psychanalytique*, trad. A. Berman, PUF, Paris, p. 90-92.

5 Voir Actes des Apôtres, II, 45.

6 Voir Léon BLOY, *Le Sang du pauvre*, chap. IX, 10/18, Paris, 1983.

7 Voir Proverbes, 17, 16.

8 Cité par Marcel HÉNAFF, dans *Le Prix de la vérité. Le don, l'argent, la philosophie*, Le Seuil, Paris, 2002, p. 115.

9 Voir MACHIAVEL, *Discours sur la première décade de Tite-Live*, II, 10, trad. C. Bec, coll. « Bouquins », Robert Laffont, Paris, 1999.

10 Voir, pour les arguments qui suivent, Platon, *Apologie de Socrate*, *République*, III et IV, et *Lois*, VIII, trad. L. Robin, coll. « La Pléiade », Gallimard, Paris, 1940.

11 Voir SÉNÈQUE, *Lettres à Lucillius*, 5, 6, p. 610, trad. H. Noblot et P. Veyne, coll. « Bouquins », Robert Laffont, Paris, 1993.

12 Pour cette question du bon usage de l'argent, voir le fort commentaire que fait Thomas BÉNATOUÏL du discours d'Athénée sur l'or et l'argent, dans *Faire usage. La pratique du stoïcisme*, Vrin, Paris, p. 242 *et sq.*, 2006.

13 Voir Jacques RANCIÈRE, *Le Philosophe et ses pauvres*, Flammarion, coll. « Champs », Paris, 2007.

14 Voir HUME, *Traité de la nature humaine*, III, 2, 2, trad. P. Saltel, Garnier-Flammarion, Paris, 1993, p. 93.

15 Voir Montesquieu, *L'Esprit des lois*, II, XX, 1 et 2, Garnier-Flammarion, Paris, 1979.

16 Voir Marcel Hénaff, *Le Prix de la vérité*, *op. cit.*

17 Voir pour toutes les citations qui suivent, Georg Simmel, *Philosophie de l'argent*, trad. S. Cornille et P. Ivernel, PUF, Paris, 1993.

18 Les principaux textes d'Aristote sont : sur la libéralité, *Éthique à Nicomaque*, IV, 1-3, trad. J. Tricot, Vrin, Paris, 1990 ; sur l'argent comme convention, *ibid.*, V, 8 ; et sur la critique de la chrématistique, *Politiques*, I, 9, trad. P. Pellegrin, Garnier-Flammarion, Paris, 1993. Au milieu des innombrables commentaires théologiques, philosophiques, économiques et historiques de ces textes, on notera particulièrement les deux exégèses remarquables qu'en donne Marcel Hénaff dans *Le Prix de la vérité*, *op. cit.*, aux chapitres 3 et 9.

19 Voir Cornélius Castoriadis, « Valeur, égalité, justice, politique. De Marx à Aristote et d'Aristote à nous », *Textures*, n° 11-12, 1975.

Notes du chapitre 2

1 Marie-Thérèse Boyer-Xambeu, Ghislain Deleplace et Lucien Gillard, *Monnaie privée et pouvoir des princes. L'économie des relations monétaires à la Renaissance*, Éditions du CNRS, Presses de la FNSP, Paris, 1986, p. 354.

2 Paul Jorion, *L'Argent mode d'emploi*, Fayard, Paris, 2009, p. 60.

3 *Ibid.*, p. 372.

4 Voir Marx, *Capital*, *op. cit.*, I, 1, 4.

5 Jean-Michel Servet, « La monnaie contre l'État ou la fable du troc », *in Droit et monnaie*, université de Bourgogne, travaux du Centre de recherches sur le droit des marchés et des investissements internationaux, vol. 14, 1988, p. 49-62.

6 Don Patinkin, *Money, Interest and prices. An Integration of Monetary and Value Theory*, Harper and Row, 1956, New York, trad. française, PUF, 1972.

7 Parmi les très nombreuses contributions de Milton Friedman sur les questions monétaires, on peut se reporter entre autres à « The quantity theory of money. A restatement », *in* Milton Friedman (dir.), *Studies in the Quantity Theory of Money*, Chicago University Press, Chicago, 1956, « The role of monetary policy », *American Economic Review*, LVIII, 1, p. 1-17, 1968, ou à « A theoretical framework for monetary analysis », *Journal of Political Economy*, n° 78, p. 193-238, 1970.

8 John Maynard Keynes, *Théorie générale de l'emploi. De l'intérêt et de la monnaie*, Payot, Paris, 1972.

9 Frank Hahn, « On some problems of proving the existence of an equilibrium in a monetary economy », *in* Robert W. Clower (dir.), *Monetary Theory*, Penguin, Londres, 1969. Pour un commentaire de ce résultat, voir Carlo Benetti, « The ambiguity of the notion of general equilibrium with a zero-price for money », *in* Ghislain Deleplace et Edward Nell (dir.), *Money in Motion. The Post Keynesian Circulation Approaches*, Macmillan, Londres, 1996.

10 Kenneth J. Arrow et Gerard Debreu, « Existence of an equilibrium for a competitive economy », *Econometrica*, n° 22, 1954, p. 265-290.

11 Léon Walras, *Éléments d'économie politique pure*, tome VIII des *Œuvres économiques complètes d'Auguste et Léon Walras*, Economica, Paris, 1988.

12 Dans « The challenge of monetary theory », *European Economic Review*, n° 37, p. 215-242, Martin Hellwig les a clairement listés.

13 Voir entre autres Joseph M. Ostroy et Ross M. Starr, « Money and the decentralization of exchange », *Econometrica*, vol. 42, 1974, p. 1093.

14 Voir entre autres Nobuhiro Kyiotaki et Randall Wright, « On money as a medium of exchange », *Journal of Political Economy*, vol. 87, 1989.

15 En la matière, voir les nombreux travaux d'André Orléan sur les comportements mimétiques dans le champ financier, entre autres « Contagion mimétique et bulles spéculatives », *in* Jean Cartelier (dir.), *La Formation des grandeurs économiques*, PUF, Paris, 1990, p. 285-319 ; « Efficience, finance comportementaliste et convention. Une synthèse théorique », *in* Robert

BOYER, Mario DEHOVE et Dominique PLIHON, *Les Crises financières*, rapport du Conseil d'analyse économique, 2004, p. 241-270 ; et *Le Pouvoir de la finance*, éditions Odile Jacob, Paris 1999.

16 Voir *Théorie générale de l'emploi, de l'intérêt et de la monnaie*, *op. cit.*

17 Michel AGLIETTA et André ORLÉAN (dir.), *La Monnaie souveraine*, éditions Odile Jacob, Paris, 1998, p. 26 *et sq.* Voir Michel AGLIETTA et André ORLÉAN, *La Violence de la monnaie*, PUF, coll. « Économie en liberté », Paris, 1982, et *La Monnaie, entre violence et confiance*, éditions Odile Jacob, Paris, 2002.

18 Georg Friedrich KNAPP, *The State Theory of Money*, Simon Publications, 2003 (première édition allemande, 1905).

19 Pour une analyse des relations entre État et monnaie dans la Grèce antique, voir Jean-Michel SERVET, *Nomismata. État et origines de la monnaie*, Presses Universitaires de Lyon, 1984.

20 Michel AGLIETTA, « Monnaie et histoire. Les univers des monnaies métalliques jusqu'à la Première Guerre mondiale », conférence au Collège international de philosophie, 12 octobre 2006.

21 Carlo BENETTI et Jean CARTELIER, *Marchands, salariat et capitalistes*, Maspero, Paris, 1981.

22 George A. AKERLOF, « The market for "lemons". Quality uncertainty and the market mechanism », *The Quarterly Journal of Economics*, vol. 84, n° 3, 1970, p. 488-500.

23 Michel AGLIETTA, « Monnaie et histoire. Les univers des monnaies métalliques jusqu'à la Première Guerre mondiale », conférence au Collège international de philosophie, 12 octobre 2006.

24 *La Monnaie souveraine*, *op. cit.*, p. 20.

25 Voir les travaux de Daniel DE COPPET sur la société Aré Aré : « La monnaie dans la communauté Aré Aré. Les relations sociales en forme de totalité », *in Souveraineté, légitimité de la monnaie*, *op. cit.*, p. 215-229, et « Une monnaie pour une communauté mélanésienne comparée à la nôtre pour l'individu des sociétés européennes », *in La Monnaie souveraine*, *op. cit.*, p. 159-212.

26 André ORLÉAN, « Réflexions sur les fondements institutionnels de l'objectivité marchande », *Cahiers d'économie politique*, 2003/1, n° 44, p. 12.

27 *Ibid.*

28 Mark R. ANSPACH, « Les fondements rituels de la transaction monétaire ou comment remercier un bourreau », *in La Monnaie souveraine*, *op. cit.*

29 *Ibid.*

30 François SIMIAND, « La monnaie, réalité sociale », *Annales sociologiques*, 1934.

31 Pour une présentation du concept de système de paiement, voir Jean CARTELIER, *La Monnaie*, coll. « Dominos », Flammarion, Paris, 1996, p. 73 *et sq.*, mais aussi, du même auteur, « La coordination en déséquilibre, "loi de l'offre et de la demande" ou régulation monétaire », *in* Jean CARTELIER et Roger FRYDMAN, *L'Économie hors de l'équilibre*, Economica, Paris, 2001, p. 151-166 ; pour une explication de ses enjeux : Michel AGLIETTA et Jean CARTELIER, « Ordre monétaire des économies de marché », *in La Monnaie souveraine*, *op. cit.*, particulièrement p. 132-141.

32 Dans *La Violence de la monnaie* et dans *La Monnaie, entre violence et confiance*, *op. cit.*

33 Michel AGLIETTA et André ORLÉAN, « Réflexions sur la nature de la monnaie », *in La Lettre de la régulation*, juin 2002.

Notes du chapitre 3

1 Théologien du XIIIe siècle. Cité par Jacques LE GOFF, dans « La bourse et la vie », *in Un autre Moyen Âge*, p. 1315, Gallimard, coll. « Tel », Paris, 1991.

2 Voir sur ce point le *Scénario négaWatt 2011*, www.negawatt.org.

3 Voir Ernst KANTAROWICZ, *Les Deux Corps du roi*, trad. J.-P. et N. Genet, Gallimard, Paris, 1989.

4 Voir Marshall SAHLINS, *Âge de pierre, âge d'abondance. L'économie des sociétés primitives*, Gallimard, Paris, 1976.

5 Voir Michel FOUCAULT, *La Volonté de savoir, Histoire de la sexualité I*, Gallimard, Paris, 1976.

6 Pour tout ce qui suit, voir Karl POLANYI, *La Grande Transformation*, notamment II, 1, 6, trad. C. Malamoud, Gallimard, Paris, 1983 ; et aussi Karl POLANYI et

Conrad ARENSBERG, *Trade and Market in the Early Empires*, Glencoe, 1957.

7 Voir Viviana A. ZELIZER, *La Signification sociale de l'argent*, Le Seuil, Paris, 2005.

8 Voir, pour tout ce qui suit, Georges BATAILLE, *La Part maudite*, coll. « Critique », Minuit, Paris, 1949.

9 Pour une bonne exposition de cette distinction entre capitalistes et bourgeois du point de vue de leur *ethos* comme de leur place dans le processus de production, voir Michel GLOUSCARD, *Le Frivole et le Sérieux*, Hallier, Paris, 1978.

10 Voir Mike DAVIS, *Génocides tropicaux. Catastrophes naturelles et famines coloniales, aux origines du sous-développement*, trad. M. Saint-Upéry, La Découverte, Paris, 2003.

11 Voir François RACHLINE : « On pourrait déclarer la guerre à la pauvreté, à la misère parce que nous avons les moyens aujourd'hui de créer autant d'argent que l'on veut », présentation vidéo de *D'où vient l'argent ?* (éditions Panama, Paris, 2006), *www.dailymotion.com/video/xio1re*.

Notes de la conclusion

1 Pour la notion d'*aidôs* chez Platon, voir *Protagoras*, trad. F. Ildefonse, Garnier-Flammarion, Paris, 1997, et aussi la remarquable introduction de la traductrice.

2 Jean GADREY, *Adieu à la croissance. Bien vivre dans un monde solidaire*, Les Petits Matins/Alternatives économiques, Paris, 2010, p. 31 *et sq.*

3 Voir Marx, *Le Capital I*, *op. cit.*, p. 619.

4 Voir Frédéric LORDON qui, dans *Et la vertu sauvera le monde...*, *op. cit.*, insiste sur le fait que tout appel à une moralisation de l'économie est vide de sens.

5 Camille LANDAIS, Thomas PIKETTY et Emmanuel SAEZ, *Pour une révolution fiscale*, Le Seuil, Paris, 2011.

Table

CPI
BUSSIÈRE

Composition Facompo, Lisieux.
Impression réalisée par CPI Bussière
à Saint-Amand-Montrond (Cher)
en décembre 2011.
Dépôt légal : janvier 2012.
N° d'impression : 113905/4.
Imprimé en France